dtv

31.10.09

Wie so manchem Komiker ist auch dem Kabarettisten Stephan Bauer eine bittersüße Schwermut nicht fremd. In diesem Buch hat er nun endlich seinem Herzen Luft gemacht. Die vom Schlankheits- und Fitnesswahn besessene Spaßgesellschaft ist ihm ein Gräuel und Sport bedeutet für ihn schlichtweg Mord. Wo die manischen Selbstverwirklicher hektisch losrennen, macht Bauer lieber einen Punkt: »Warum soll ich in dreieinhalb Stunden zweiundvierzig Kilometer laufen, wenn ich in derselben Zeit nach Lissabon fliegen kann?« Genussmensch, der er ist, gehen ihm selbsternannte Gourmetpäpste gewaltig auf den Wecker: Wieso kann man eigentlich nicht mehr in Ruhe ein Glas Wein trinken, ohne dass ein anderer sofort über dessen »straffen Tanningehalt« salbadert? Mehr Schlichtheit und Muße, Genuss statt Leistungsdruck, Freude statt Hetze und vor allem weniger Sport: Das wär's.

Stephan Bauer, geboren 1968 in Schwaben, lebt heute als Kabarettist und Autor in Hessen. Im Jahr führen ihn mehr als 150 Live-Auftritte quer durch die Republik. www.stephanbauer.de

Stephan Bauer

Sport oder Leben

Unter Mitarbeit von
Helene Mierscheid

Deutscher Taschenbuch Verlag

Originalausgabe
Mai 2008

www.dtv.de

Umschlagkonzept: Balk & Brumshagen
Umschlagbild: Doro Göbel unter Verwendung eines Fotos von Stephan Pick
Satz: Greiner & Reichel, Köln
Gesetzt aus der Berkeley Old Style 10,25/12,9'
Druck und Bindung: Druckerei C. H. Beck. Nördlingen
Gedruckt auf säurefreiem, chlorfrei gebleichtem Papier
Printed in Germany · ISBN 978-3-423-21062-1

Everybody seems to think I'm lazy
I don't mind, I think they're crazy

Running everywhere at such a speed
Till they find there's no need

John Lennon
(»I'm only sleeping«)

Inhalt

Prolog

Meine Sportlehrerin stand auf der Bühne der Sport-, Vereins- und Faschingshalle meiner Heimatgemeinde am Rand der Schwäbischen Alb und bewertete den Handstandüberschlag bei einigen meiner Mitschüler aus der damaligen Klasse 8 b des örtlichen Gymnasiums. Die Schlaumeier hatten sich in der Woche zuvor krankgemeldet und gedacht, so der Tortur zu entgehen. Dafür wurden sie jetzt umso gnadenloser abgestraft.

Meine Sportlehrerin war klein, flachbrüstig und extrem drahtig. Ihr verkniffenes Gesicht erinnerte stark an einen Pekinesen. Sie trug eine grausame Minipli-Frisur, wie sie Anfang der achtziger Jahre populär war, die ihr mittellanges aschblondes Haar in einen skurril aufgeblasenen Afrolook verwandelte. Mit ihrer zierlichen Figur sah sie deshalb aus wie eine hagere Pusteblume.

Für unsportliche Menschen hatte sie keinerlei Verständnis. Die existierten laut meiner Sportlehrerin gar nicht. In ihren Augen gab es nur feige oder faule Menschen. Ich zählte zu beiden Kategorien. Außerdem hatte sie ihr Mann wegen einer komplett unsportlichen und stark übergewichtigen Frau verlassen und seither hasste sie alle männlichen Wesen. Somit zählte ich zu allen drei Kategorien.

Ich hatte an diesem Tag meine »Fünf minus« schon kassiert und war mit einigen anderen bereits bei der nächsten Unterrichtseinheit »Volleyball«, übte Baggern und Pritschen.

Nicht dass ich diese Sportart je gemocht hätte, aber eine Sache fand ich am Volleyball immer genial, nämlich den Volleyball-

Ball. Er hat nämlich genau die richtige Mischung aus Leichtigkeit und Schwere, wodurch er ungeheure Fahrt gewinnt, wenn man auf ihn draufdrischt. Er ist also das ideale Sportgerät, um Blödsinn zu machen.

Was sonst? Kein normaler Mensch kann beim »Pritschen« wirklich Freude empfinden. Man muss dabei aus Daumen, Zeige- und Mittelfingern der beiden Hände ein Dreieck bilden, in das sich der Ball wie in einen Trichter hineinsenkt, um dann durch die Fingerbewegung wieder herauskatapultiert zu werden. Mal abgesehen davon, dass diese Bewegung für die manuelle Beförderung eines Balles generell ziemlich fragwürdig ist, erzeugt allein das Einüben dieser Technik nicht selten starke Schmerzen durch die Stauchung der sechs Fingergelenke.

Da ich gerade dabei war, E-Gitarre zu lernen, meine Finger also für sinnvollere Dinge brauchte, stellte ich diesen Quatsch ein und bolzte zur Abwechslung einfach einmal volle Möhre gegen den Ball. Er machte genau das, was man von ihm erwarten durfte. Er schoss wie eine Kanonenkugel Richtung Bühne und dann meiner Sportlehrerin ins Gesicht. Sie fiel sofort um.

Erschrockenes Schweigen machte sich breit. Unten hielten alle ihre Volleybälle fest – nur ich hatte logischerweise keinen.

Unsere Sportlehrerin war umringt von Schülern. Einer hatte ein nasses Tuch geholt, zwei Schülerinnen tätschelten ihr die Wangen. Schmerzensschreie von der Sportlehrerin. Verständlich – schließlich hatte sie der Ball mitten ins Gesicht getroffen. Da war Wangetätscheln wohl keine so gute Idee.

Sie stand mit Hilfe zweier Schüler wieder auf und ich sah, dass ihr Gesicht eine ungesunde kirschrote Farbe angenommen hatte – wobei ich mir nicht sicher war, ob die von der Wucht des Balls oder von der Wut kam. Ihre Minipli-Frisur stand noch wilder in alle Richtungen ab als sonst, was ihr das Aussehen eines durchgedrehten Pumuckls gab. Aus ihren Nasenlöchern dampfte es.

Sie schwankte zum Rand der Bühne und sah in die betretene Runde.

»WER WAR DAS?«

Sie brauchte nicht lange zu forschen. Ich war schließlich der Einzige in der Halle ohne Ball.

»STEPHAN BAUER! DAS HAST DU MIT ABSICHT GEMACHT!«

Ich stand da mit hochrotem Kopf. Alle schauten mich entweder mitleidig oder schadenfroh an – je nach Charakter.

»DAS GIBT EINE SECHS UND EINEN EINTRAG INS KLASSENBUCH!«

Das hätte ich alles verkraftet, aber sie schob noch hinterher:

»UND ICH WERDE DICH NOCH MAL IM HANDSTAND-ÜBERSCHLAG PRÜFEN!«

Damit war eine weitere Sechs garantiert. Hätte ich nicht schon immer eine kritische Einstellung zum Sport gehabt – an diesem Tag spätestens hätte sie ihren Anfang genommen.

Ist Sport wirklich gesund?

Ich bin ein toller Typ. Gutaussehend, treu, kinderlieb und genügend Kohle habe ich auch. Ich bin das, was sich jede Frau unter einem »Traummann« vorstellt. Weshalb mich meine Frau vor zwei Jahren verlassen hat, wird für immer ihr Geheimnis bleiben.

Mein einziges Problem ist: Ich bin ziemlich unsportlich und verfüge dementsprechend über eine mäßig ausgeprägte Muskulatur. Und damit befinde ich mich automatisch am Rand der Gesellschaft. Denn sportlich zu sein ist »in«. Wer als erfolgreich und schön gelten will, muss sich gefälligst bewegen. Ich gestehe, dass ich diesem öffentlichen Druck nicht immer standhalten kann. Wenn ich zum Beispiel im ›stern‹ so einen Horrorartikel lese über Herzinfarkte bei 35-Jährigen, laufe auch ich los. Wobei ich sagen muss, ich laufe nicht allzu schnell, eher gemütlich. Wenn ich ganz ehrlich sein soll, wurde ich dabei schon mal von der Polizei aufgegriffen – wegen Herumlungerns.

Vor fünfzig oder sechzig Jahren war Unsportlichkeit beim Mann kein Problem. Frauen legten Wert auf das Wesentliche; dass Männer mit etwas Essbarem nach Hause kamen, beziehungsweise dass sie überhaupt zurückkamen.

Seitdem die Frauen jedoch alle einen eigenen Job haben und sich selbst versorgen können, ist die Ernährerfunktion des Mannes hinfällig geworden. Jetzt wird mehr Wert auf das Äußere gelegt. Nur konsequent ist das auch nicht. Wenn der Mann schon keine Beute mehr anschleppen muss, wieso soll er dann noch aussehen, als ob er Antilopen jagen könnte?

Schuld an meiner Unsportlichkeit hat natürlich die Gesellschaft. Vielleicht wäre ich ja eine Wahnsinns-Sportskanone geworden. Verleidet hat es mir aber der Sportunterricht in der Schule. Da gehörte man entweder zu den Einser-Leuten oder – wie ich – zu den niederen Lebewesen. Wenn ich nur an »Völkerball zum Aufwärmen« denke – oh Gott! Am Rand des Schlachtfelds standen die Einser-Leute und machten sich einen Riesenspaß daraus, die Grobmotoriker in der Mitte abzuschießen. Ich hatte immer das Gefühl, da werden die Unsportlichen an die Sportlichen verfüttert. Bei der Mannschaftsaufstellung wurde ich natürlich auch nie gewählt. Beispiel Fußball: In dem Moment, wo die Vereinsmittelstürmer ihre Mitspieler aussuchten, wurde ich praktisch transparent, hockte da wie ein vergessener Turnbeutel. Am Schluss hat mich der Lehrer immer verhökert: »Ihr nehmt den Stephan und dürft dafür mit drei Mann mehr spielen.« Und die Einser-Leute: »Abgelehnt.« Der Lehrer erhöhte daraufhin das Angebot: »Okay, ihr kriegt auch noch fünf Tore Vorsprung.« »Auch abgelehnt.« »Herrgott, dann nehmt ihn wenigstens als Torpfosten!« Das war schlimm. Und immer wenn der Ball reinging, hieß es, ich sei schuld. Ich könne nicht mal richtig stehen.

Aber es gibt ja einen Gott und der ist gerecht.

Kürzlich habe ich bei einem Klassentreffen die ganzen Sportskanonen von damals wiedergesehen. Es war wunderbar, denn die waren merklich gealtert. Alle kahl und fett. Der Einzige, der noch aussah wie vor zwanzig Jahren, war ich. Das zeigt mir, dass ich auf dem richtigen Weg bin.

Auch ein Blick auf andere Lebewesen bestätigt meine Haltung gegenüber dem Sport. Es gibt in der Tierwelt nämlich einen signifikanten Zusammenhang zwischen Bewegungsmangel und Langlebigkeit. Karpfen und Riesenschildkröten, die lahmsten Lebewesen überhaupt, leben bisweilen weit über hundert Jahre. Insekten oder Kolibris dagegen, die den ganzen Tag wild in der Gegend rumdüsen, werden gerade ein paar Monate alt. Wenn wir jetzt einmal die Pflanzenwelt auf dieses Muster hin untersuchen, bricht die ganze Idee von der gesundheitsfördernden Wirkung des Sports komplett in sich zusammen: Eine englische Eiche wird lässig tausend Jahre alt – und steht nur rum.

Viele werden jetzt sagen, das könne man nicht auf den Menschen übertragen. Und ich sage: »Doch!« Ich hatte nämlich schon immer so eine Ahnung, dass Sportler nicht alt werden. Das ist natürlich nur ein Gefühl. Dabei denke ich weniger an Fußballer, die zuhauf tot auf dem Platz zusammenbrechen, sondern an bedeutende Sportlerpersönlichkeiten, die älter als achtzig Jahre werden. Max Schmeling ist der Einzige, der mir spontan einfällt. Allerdings muss man bei ihm bedenken, dass er immer schön in seinem Ring geblieben ist und nie große Strecken zurücklegen musste. Aber ansonsten? Sehr nachdenklich stimmt doch zum Beispiel, dass aus der Fußballweltmeistermannschaft von 1954 nur noch drei Spieler am Leben sind, nämlich Hans Schäfer, Ottmar Walter und Horst Eckel. Alle anderen sind längst gestorben, einige schon in den siebziger und achtziger Jahren. Die Spieler waren im Schnitt so Jahrgang 1928 rum, wären heute also gerade mal achtzig Jahre. Sie sind nicht mehr da, obwohl sie nach den Theorien der Sportwahnsinnigen noch leben müssten.

Sicher wird jetzt irgendwer daherkommen und irgendeinen kenianischen Marathonläufer nennen können, der gerade seinen neunzigsten Geburtstag gefeiert hat. Ich sage jedoch: Das sind Ausnahmen. Oder um es mit Darwin zu formulieren: Der Sportler ist ein Auslaufmodell der Evolution. Und gerade, während ich diese Zeilen schreibe, wird mir schlagartig klar, warum Frauen sportliche Männer wollen: Natürlich! Damit sie uns schneller los sind. Darauf hätte ich eigentlich schon viel früher kommen können!

Als Hauptargument für den Sport wird immer wieder die Erhaltung der Gesundheit genannt. Darin sind sich anscheinend alle einig: Mediziner, Sportwissenschaftler und Krankenkassen. Nun kenne ich aber mehr gesunde Couchpotatoes als gesunde Sportler. Ich kenne keinen Fußballer ohne Bänderrisse, keinen Turner ohne Rückenschmerzen, keinen Jogger ohne Knieprobleme und keinen Tennisspieler ohne Tennisarm. Trotzdem gilt als allgemein anerkannt: Wer Sport treibt, lebt gesünder. Und vor allen Dingen: Er bleibt schlank.

Aber ist der Zusammenhang zwischen Bewegung und Körpergewicht wirklich richtig? Einstein hat in seiner Relativitätstheorie nachgewiesen: Energie und Masse hängen voneinander ab. Das heißt, je schneller sich ein Teilchen bewegt, desto schwerer wird es. Ein Sportler wird das nicht gerne hören, aber: Wenn er joggt, nimmt er in Wahrheit an Gewicht zu. Zugespitzt formuliert: Nach Einstein haben Sie die wenigsten Gewichtsprobleme, wenn Sie stinkefaul auf dem Sofa liegen und regungslos verharren!

Nun, das ist jetzt natürlich sehr speziell (deswegen heißt es ja auch »spezielle Relativitätstheorie«). Aber lassen wir den Einstein'schen Esprit einfach mal ein paar Sekunden wirken. Ich behaupte schon lange, dass der Grund für die grassierende Fettleibigkeit in den Industrieländern nicht primär im Bewegungsmangel liegt, sondern im Mangel an Esskultur. Ein Blick in unsere Nachbarländer zeigt das ganz deutlich. In Ländern wie Frankreich und Italien, wo mit Muße gut gegessen wird, sind die Leute in der Regel schlank. Die Engländer und Amerikaner hingegen, die in kurzer Zeit hauptsächlich Schrott in sich reinschaufeln, sind dick. Deutschland nimmt in dieser Hinsicht eine Zwitterstellung ein, weil es traditionell nicht weiß, wohin es gehört. Man trifft in Frankreich und Italien auch erheblich weniger Muskelpakete oder Nordic-Walker an. Um genau zu sein: gar keine. Südlich von Florenz habe ich noch nie einen Jogger gesehen. Ergebnis: Die Süditaliener haben die höchste Lebenserwartung in Europa.

Selbst für einen einfachen Bauern in Kalabrien ist es eine Selbstverständlichkeit, seinen Körper respektvoll zu behandeln. Dazu zählt gutes, gesundes, mengenmäßig begrenztes Essen und mäßige, dem menschlichen Körper angemessene Bewegung; darüber hinaus die ausreichende Zufuhr von Glücksstoffen in Form von Espresso und Wein, die durch den Anblick von gut aussehenden Frauen voll zur Entfaltung kommen können. Esskultur geht nun mal mit Lebensfreude einher.

Bizarrerweise kommt nun der Sportfanatismus aus dem Land, in dem sich die Bevölkerung am schlechtesten ernährt, nämlich aus den USA. Klar, könnte man sagen, wo am meisten gefressen wird, muss auch am meisten geschuftet werden. Aber das ist intellektuell viel zu kurz gegriffen. Der Grund für den amerikanischen Übereifer liegt viel tiefer: nämlich in der Religion. Lassen Sie diesen Gedanken einmal eine Sekunde zu und vergegenwärtigen Sie sich, dass die Amerikaner zum Großteil Protestanten und stark calvinistisch geprägt sind.

Der Soziologe Max Weber hat vor beinahe hundert Jahren ein enorm wichtiges Buch geschrieben: ›Die protestantische Ethik und der Geist des Kapitalismus‹. Darin erläuterte er, warum sich der Kapitalismus als Erstes und am stärksten in den protestantischen Ländern ausgebildet hat, nämlich aufgrund der calvinistischen Ideologie. Im Zentrum der von Jean Calvin im 16. Jahrhundert entwickelten Lehre steht der Gedanke der »Prädestination«. Er besagt, dass Gott von Anfang an festgelegt hat, welcher Mensch erlöst und welcher verdammt wird. Um herauszufinden, welcher Mensch zu den Auserwählten gehört, blickt man auf dessen Charakter, sein gottesfürchtiges Verhalten und seine Strebsamkeit. Die Gnade Gottes wird also am Lebenserfolg sichtbar. Wer irgendwelche Laster hat, ist von vorneherein verdammt. Dementsprechend ist der Calvinismus immer mit großen persönlichen Anstrengungen verbunden gewesen und außerdem extrem spaßfeindlich.

In Genf, wo Jean Calvin selbst das Regiment führte, war alles Lustvolle streng verboten. Tanzen, Würfeln, Alkohol trinken, kulinarische Übertreibungen, Luxus, all das war untersagt. Teilweise stand sogar die Todesstrafe darauf. Der Calvinismus ist also nichts weiter als eine spaßbefreite Symbiose aus Sadismus und Masochismus.

Natürlich gibt es auch in der katholischen Kirche Fehlgeleitete, wie zum Beispiel die Mitglieder des ominösen Opus Dei, die Bußbänder tragen und sich bisweilen selber geißeln. Aber in einer so großen Kirche wie der katholischen muss es zwangsläufig auch ein paar Hardcore-Ideologen geben – das hätte Max Weber schon rein statistisch locker nachgewiesen.

Wenn wir also – um die katholische Kirche wieder beiseitezulassen – wissen wollen, warum die US-Amerikaner sind, wie sie sind, warum sie arbeiten wie die Verrückten, warum sie sich mit minderwertigen Süßigkeiten und Big Macs vollstopfen, bis die Hose platzt, dafür aber Sport treiben, bis sie umfallen, gibt es eine ganz einfache Erklärung: Sie sind überwiegend protestantisch.

Und sie haben eine ungeheure Abneigung gegen alles Katholische. Deswegen war es sensationell, dass John F. Kennedy Präsident wurde – der allererste Katholik im Amt und dann noch mit einer kreuzkatholischen Frau an seiner Seite. Allerdings währte die Sensation nicht lange. Denn kaum wollte Kennedy in Dallas mal ein bisschen die Sonne im offenen Wagen genießen, ging das total nach hinten los (alldieweil der Schuss ja von vorne kam). Da wurde ihm gezeigt, wie Amerika mit Mitgliedern nicht-protestantischer Religionsgemeinschaften umgeht. Vierzig Jahre später werden in diesem Land Muslime verfolgt, diskriminiert und ohne Gerichtsbeschluss in Guantanamo festgehalten. Eigentlich hätte man die Entwicklung nach dem Kennedy-Mord schon ahnen können. Wobei sich an diesem Punkt die Katze in den Schwanz beißt, denn in puncto Lustfeindlichkeit steht kein Land der Welt dem Islam so nah wie die USA.

Für Katholiken, wie ich einer bin, ist das Leben dagegen viel einfacher. Wir können mehr Spaß haben, weil wir beichten können. Wir müssen nicht andauernd für die Gnade des Herrn schuften, wir können es uns auch mal so gutgehen lassen, vorausgesetzt, wir haben einen Pfarrer, der noch halbwegs bei Gehör ist. Wir müssen auch nicht dauernd Sport treiben, radeln oder wie irre durch die Gegend wetzen: Gott liebt uns auch so! Und selbst wenn es mit dem Schlanksein im Diesseits nicht klappt, im Jenseits klappt es ganz sicher.

Es gibt für mich also einen ganz eindeutigen Zusammenhang zwischen Genussfreude, Sportenthaltsamkeit und Katholizismus auf der einen Seite und Sportwahnsinn, schlechtem Essen und Protestantismus auf der anderen Seite.

Ein Blick auf unsere Nachbarländer beweist es: Holland, Schweden und vor allem England gelten nicht gerade als Hochburgen des Genusses. Alle evangelisch!

Auf der anderen Seite finden wir Frankreich und Italien. Gut, im laizistischen Frankreich spielt die Religion heute keine große Rolle mehr. Wir dürfen aber nicht vergessen, dass Frankreich bis zur Revolution 1789 ein durch und durch katholisches Land war. Im Mittelalter war Frankreich so katholisch, dass in Avignon sogar mehrere Päpste auf einmal residierten. Und von Italien brauchen wir gar nicht erst zu reden!

Ich erwähnte bereits, dass Deutschland einen Mittelplatz einnimmt. Logisch, schließlich sind wir auch religiös gespalten. Dass meine These vom Einfluss der Religion auf die Genussfreude aber stimmt, sehen wir natürlich auch hier. In evangelischen Gegenden wird erheblich weniger Wein angebaut als in katholischen. Und je weiter wir nach Norddeutschland kommen – je evangelischer es also wird –, desto schlechter wird das Essen. Nur in einer zutiefst protestantischen Gegend würde man darauf kommen, grau gekochten Grünkohl mit Mettwurst und Grütze als Hochzeitsessen (!) aufzutischen; so geschehen bei einer Tante väterlicherseits aus Cuxhaven.

Ähnlich verhält es sich hierzulande mit den Antipoden Genussfreude und Sportfanatismus, auch hier sind wir Deutschen innerlich gespalten. Wir wissen noch nicht genau, wohin die Reise geht. Vertreten sind sowohl der angloamerikanische als auch der italienisch-mediterrane Einfluss, Jogger- und Toskanafraktion sind gleichermaßen stark. Ich plädiere nachhaltig dafür, sich endlich auf die Seite der Genussmenschen zu schlagen, allein schon wegen der höheren Lebenserwartung. Noch können wir uns entscheiden: Rotwein oder Beincurler, Gänseleberpastete oder Marathonlauf, Austern oder Big Mac. Es ist ja auch die politische Frage: Wollen wir in den Irak oder lieber in die Trattoria? Wir sollten jetzt handeln und uns nicht alles durch den Klimawandel abnehmen lassen. Ein guter Freund von mir hat einmal gesagt: »Man sollte dort wohnen, wo Wein angebaut wird oder die Römer waren.« Wer sich in der Geschichte nicht auskennt, kann es sich einfacher machen. Ziehen Sie einfach dorthin, wo die Katholiken in der Überzahl sind, außer nach Irland.

Sind wir von Natur aus sportlich?

Wir haben im vorhergehenden Kapitel gesehen: Sport ist nicht gesund, bietet keinerlei Garantien für ein langes Leben und ist zudem furchtbar anstrengend. Warum sind ihm trotzdem so viele anheimgefallen? Gehen wir entwicklungsgeschichtlich ganz zurück, stellen wir fest, dass es keinerlei Vorbilder für unser absurdes Verhalten gibt. Im Gegenteil: Die Tierwelt lebt uns Sportlosigkeit regelrecht vor. Daran hat sich bis heute nichts geändert. Sicherlich bewegen sich Tiere, tollen herum oder flitzen durch die Gegend. Aber diese Tätigkeiten sind dem Spieltrieb, dem Jagdinstinkt oder der Revierabgrenzung geschuldet. Kein Tier würde zehn Kilometer durch die Savanne hetzen, um dünner zu werden. Man könnte ja am Ende gefressen werden.

Suchen wir entwicklungsgeschichtlich nun die Bruchstelle, an der Menschen und Tiere sich auseinanderentwickelt haben, stoßen wir unweigerlich auf den »aufrechten Gang«. Mit ihm nahm das ganze Dilemma seinen Lauf. Der Gleichgewichtssinn verfeinerte sich und auch der Geist konnte davon profitieren. So wurde der Mensch einerseits zum selbstverantwortlichen Vernunftwesen, andererseits aber auch in die Lage versetzt, Mumpitz zu treiben. Denn bei aller Hochachtung für die Spezies Mensch: Wir haben eben nicht nur Shakespeare, Mozart und Picasso hervorgebracht, sondern auch Weltkriege, Umweltverschmutzung und ›Deutschland sucht den Superstar‹. Wahrscheinlich würden wir gar keinen Sport kennen, geschweige denn machen, wenn wir uns nicht aufgerichtet hätten. Wir würden friedlich vor uns hin leben; Hungerimpuls, Nahrungssuche und Bewegungsdrang stünden in einem ausgewogenen Verhältnis. Dass sich heute viele Menschen nicht mehr aufrichten können, *weil* sie Sport gemacht haben, ist in diesem Zusammenhang eine bizarre Ironie des Schicksals.

Als der Mensch anfing, einmal die Vertikale zu probieren, lag das vermutlich an den Lebensumständen. Da er seinen Lebensmittelpunkt aus den Wäldern hinaus in die Steppe verlagerte, erschien es sinnvoll, einen erhöhten Standpunkt einzunehmen, von dem aus alles überblickt werden konnte. Gefahren konnte man so früher sichten, wie zum Beispiel hungrige Säbelzahntiger. Allerdings half das nicht viel, denn vor dem, was man zu sehen bekam, konnte man ja nicht mehr schnell genug davonlaufen, weil man durch den aufrechten Gang seine Beinzahl soeben von vier auf zwei reduziert hatte. Der aufrechte Gang des Menschen ist also ein Nullsummenspiel. Zudem stellt sich natürlich die Frage, warum man unbedingt aufrecht gehen muss, wenn sich für den erhöhten Standpunkt auch ein Baum anbieten würde. Von dessen schützender Krone hätte man zusätzlich einen wunderbaren Blick über die Fleischvorräte des nächsten Winters. Ich will damit sagen: Die Natur hat eindeutig einen Fehler begangen, als sie den Menschen zum Zweibeiner machte.

Vor einigen Monaten war im ›Spiegel‹ ein Artikel zu lesen über Körperteile, die der Mensch definitiv nicht mehr braucht. Dazu zählten die Autoren Blinddarm, Ohrknorpel, Steißbein und Nasen-Nebenhöhlen. Vom aufrechten Gang war in diesem Zusammenhang leider nicht die Rede, wobei er eigentlich in diese Überlegungen gehört. Wir müssen in diesem Zusammenhang endlich aufhören, die Natur als das Nonplusultra anzusehen. Wie viel Unsinn die Natur produziert, sieht man zum Beispiel am Regen. Ganz im Ernst: Was soll das? Das Wasser auf der Erde verdunstet, am Himmel sammeln sich Wolken, verdichten sich, regnen ab. Der Regen wird aufgenommen, um wieder zu verdunsten. Der Dunst steigt gen Himmel, wo er sich zu Wolken verdichtet, die dann wieder abregnen. Mit anderen Worten: Die ganze Verdunsterei war für 'n Arsch.

Die Frage, warum wir so sind, wie wir sind, ist natürlich uralt. Hierzu gibt es im Grunde zwei Denkschulen: auf der einen Seite die Kreationisten und auf der anderen die Evolutionstheoretiker. Die Kreationisten sagen, dass Gott uns genauso geschaffen hat, wie wir sind, und das nach seinem Ebenbild. Die Evolutionstheoretiker sagen, dass die Natur so lange herumgespielt hat, bis wir dabei herausgekommen sind.

Die Evolutionstheorie ist natürlich cool, und sicher sind große Teile von ihr auch richtig. Wobei die Vorstellung, dass wir mit dem Affen verwandt sind, eine üble Kränkung für das menschliche Ego bedeutet. Trotzdem: Den Gedanken, dass wir letztlich nichts anderes sind als das Resultat einer wirren Abfolge von genetischen Mutationen und Zufallskreuzungen, die sich entweder behaupten oder eben nicht, können wir halbwegs nachvollziehen. Nehmen wir das Beispiel des Birkenfalters: Vor der Industrialisierung Großbritanniens haben hauptsächlich die weißen Birkenfalter überlebt, die einzeln auftretenden schwarzen waren vor dem weißen Hintergrund der Birken leicht für Vögel zu erkennen und wurden nach dem Schlüpfen sofort gefressen. Mit der Industrialisierung, die in Großbritannien besonders rabiat vor sich ging, wurden die Birken schwarz. Also überlebten nur die schwarzen Falter – die weißen wurden immer seltener. Das ist Evolution.

Bei allem intellektuellen Charme sollte man die Evolutionstheorie aber nicht für unantastbar halten. Denn wenn wir sie auf unsere heutige Zivilisation anwenden, verstehen wir gar nichts mehr. Im Lauf der letzten hundert Jahre haben wir uns Lebensumstände geschaffen, die man wohl nur als »riskant« bezeichnen kann. Einerseits haben wir uns im Sinne Darwins super an die Natur angepasst, können dank semipermeabler Goretex-Jacken Wind und Wetter trotzen. Andererseits gefährdet unsere moderne Lebensweise unsere ganze Art. Ich denke dabei an den Klimawandel, die Übervölkerung und auch an Atomwaffen, die ziemlich viel Krach machen sollen. Wenn man all diese Dinge als evolutionären Fortschritt ansehen würde, müssten Lemminge, die sich auf ihren Wanderungen schon mal ins Wasser zu Tode stürzen, eigentlich als besonders klug gelten. Wir sind zwar hochtechnisiert, aber auch sehr verwundbar. Wenn das ganze System aufgrund irgendwelcher Umstände einmal zusammenbrechen würde, wüssten wir nicht einmal, wie man ein Kaninchen fängt. Wahrscheinlich würden wir ihm gut zureden, in der Hoffnung, dass es sich selbst schlachtet.

Die Evolutionstheorie hat aber auch noch eine andere Schwachstelle. So kann sie zum Beispiel bis heute nicht schlüssig die Entstehung der Vögel erklären. Jahrzehntelang hieß es, Vögel seien aus den Reptilien entstanden. Als man schließlich den »Archaeopterix«, ein Reptil mit so etwas wie Flügeln dran, fand, triumphierten die Evolutionstheoretiker und glaubten, das »Übergangstier« endlich gefunden zu haben. Ein Geologe hat mir mal im Suff erzählt, der Archaeopterix wäre definitiv ein Reptil gewesen mit ein bisschen Quatsch an den Oberarmen, eine kurze Laune der Natur. Haben also die Kreationisten doch recht?

Ich bin in dieser Frage gespalten. Einerseits begeistert mich Darwins Logik, andererseits glaube ich an Gott. Und für jemanden, der sich dem christlichen Glauben verbunden fühlt, ist die in der Evolutionstheorie vertretene Vorstellung, dass ein Entwicklungsprozess planlos, aber trotzdem vernünftig abläuft, schwer zu akzeptieren. Allerdings ist es irgendwie vermessen zu glauben, dass unser Schöpfer wirklich jeden von uns eigens erschaffen hat. Erstens wäre das viel zu viel Stress, und zum anderen: Nehmen Sie es mir bitte nicht übel, aber es gibt meiner Meinung nach zu viele Exemplare unserer Spezies Homo sapiens, die nach der strengen Schöpfungstheorie alleine durch ihre bloße Existenz die Nichtexistenz Gottes beweisen würden. Wer jemals in Mecklenburg-Vorpommern an einem FKK-Strand war, weiß, was ich meine. Wenn einem da so ein abgehalftertes Erdkundelehrer-Ehepaar entgegenkommt, gerät der ganze Glauben ins Wanken. Von weitem sehen sie aus wie zwei Lesben, wenn sie näher kommen, wie ein alter Mann und seine Frau, und wenn sie ganz nahe sind, stellt man fest, dass der Mann eindeutig die Frau ist. Verzweifeln werden wir nur dann nicht, wenn wir dieses Paar in den Bereich des Möglichen, aber nicht unbedingt in den des Gewollten legen. Oder wir gehen einfach davon aus, dass Gott auch ein bisschen was zum Lachen sucht. So nach dem Motto: Ich lasse sie wachsen, aufrecht gehen, nackt an der Ostsee rumlaufen und bepiss mich vor Lachen. Womit wir wieder beim Regen wären, den ich ja vorhin schon als sinnloses Unterfangen bezeichnet habe.

Was will Gott aber darüber hinaus? Dass er uns nur erschaffen hat, um sich ein bisschen zu amüsieren, kann man sich kaum vorstellen.

Also, lieber Gott, wenn Du diese Zeilen jetzt liest … (was ich übrigens sehr begrüßen würde, denn das wäre eine tolle Referenz! Man stelle sich nur mal das Zitat auf der Buchrückseite vor: »Ein Meisterwerk des Komikers Stephan Bauer. Absolut lesenswert.« Und darunter steht nicht »Frankfurter Allgemeine Zeitung«, sondern »Gott«.)

… Also, wenn Du diese Zeilen liest, sei so lieb, schick uns ein Zeichen, sag es uns, lieber Gott, wie sollen wir leben, was sollen wir essen, wie sollen wir uns bewegen?

Und siehe! Im Moment, in dem ich die Frage niederschreibe, habe ich auch schon seine Antwort. Sie lautet: »Mach die Augen auf, Stephan Bauer, du Trottel. Ich hab den Menschen schon längst mitgeteilt, wie ich mir ihr Leben wünsche. Wie im Gottesdienst natürlich!«

Häää …? Ach so … Moment, … ich glaub, jetzt klingelt's bei mir …

Aus dem Gottesdienst können wir nämlich viele kluge Verhaltensregeln für unser Leben ableiten. Dass wir immer mal ein bisschen Wein trinken sollen, dazu einen leichten Imbiss nehmen – zum Beispiel in Form einer Hostie –, lernen wir aus der Kommunion. Wie verhält es sich nun aber mit dem Sport? Hier lebt uns Gott durch die kirchliche Praxis einen schonenden Umgang mit unserem Körper vor. Allein der sonntägliche Gottesdienst ist voll von gemäßigter Bewegung. Der Fußmarsch zur Kirche, der Gang zur Kommunion, der Weg nach Hause. Niemand würde auf die Idee kommen, hier einen Sprint einzulegen. Auch während der Messe sehen wir viele positive Ansätze. Der ständige Wechsel von Stehen, Sitzen und Knien kann ohne Weiteres als sanfte Gymnastik verstanden werden. Fast könnte man meinen, Gott sieht auf uns herab und ruft: »Seht ihr, Leute, so stelle ich mir das mit dem Sport vor! Langsam und gemächlich!«

Er lässt uns also nicht allein mit unserem Bewegungsdrang, er hat die Lösung schon parat. Wir müssen nur die Augen aufmachen, um sie zu sehen.

Jetzt werden natürlich einige aufschreien: »Und was ist mit dem Jakobsweg – dieser Höllentour, auf der man sich unzählige Blasen läuft und danach völlig am Ende ist?« Sicher, der Jakobsweg ist bestimmt anstrengend. Nichtsdestotrotz legt man ihn traditionell langsam im Gehen zurück, besinnt sich auf das spirituelle Erleben, was kaum als Sport gedeutet werden kann. Aber der Einwand ist gut, denn er verweist auf die anderen Felder sportlicher Kirchenpraxis, an die ich noch gar nicht gedacht habe: Pilgerreisen und Prozessionen. Auch hier setzt die christliche Kirche seit Jahrhunderten voll auf Bewegung. Da finden sich Leute unter freiem Himmel zusammen, um ohne große körperliche Anstrengungen gemeinsam ein Stück voranzukommen, sei es beim Kreuzweg oder beim Fronleichnamszug. In diesem Sinne ist natürlich auch der Karnevalsumzug eine Form von Breitensport.

Einige Verrückte haben im Lauf der letzten Jahrzehnte den ursprünglich kirchlichen Ansatz, die Menschen in Bewegung zu setzen, kopiert, übertrieben und dabei völlig aus dem Zusammenhang gerissen. Marathonläufe, Triathlon, Radrennen usw. sind sozusagen pervertierte Formen der Prozession und – ich füge hinzu – von Gottes Gnade eindeutig nicht mehr gedeckt. Wenn dabei gedopt wird, sowieso nicht. Eine Prozession läuft sachte und langsam ab. Nie geht es darum, wer als Erster die Kirche erreicht. Dafür hat die Prozession eine eingebaute Geschwindigkeitsbremse: den Gesang. Man darf nur so schnell laufen, wie man noch Töne hervorbringen kann. Würde man in einer Prozession plötzlich anfangen zu joggen, wäre ein gottesfürchtiger Gesang nicht mehr möglich. An dieser Stelle werden einige Leser sicher denken, dass ich völlig durchgedreht bin, aber denen schleudere ich einfach entgegen: Geh einfach in die Kirche, dann hast du Sport genug.

Das Elend mit dem Schulsport

Bevor ich tief in meine dunklen Jugenderinnerungen einsteige, möchte ich die Frage stellen, was Flugenten, Fluganànas und Flugrollen gemeinsam haben? Sie sind klassische Oxymorone (oder sagt man Oxymoroi?), das heißt, sie sind eine Zusammenstellung in sich widersprüchlicher Begriffe. Flugenten sind in ihrem kurzen Entenleben kein Stück geflogen, weil ihnen gewöhnlich die Flügel gestutzt werden. Die Fluganànas kann von Natur aus nicht selber fliegen – sie wird geflogen (wie die Ente in gerupftem Zustand). Bei der Flugrolle schließlich ist der innere Widerspruch nicht so offensichtlich, trotzdem ist sie totaler Unsinn.

Eine Flugrolle ist das, was man etwa ab der siebten Klasse im Turnunterricht machen muss: sich während eines Hechtsprungs in der Luft drehen, um dann auf den Beinen aufzukommen. Wenn man von Beruf nicht gerade eine rumänische Bodenturnerin ohne Brüste werden will, stellt sich die Frage, wozu man das im wirklichen Leben braucht. Aber ich will die Sinnfrage nicht überstrapazieren. Für den einfachen Schüler reicht es ja, sich zu überlegen, wie man sie macht, ohne sich das Genick oder sonst was zu brechen.

Meine nette Sportlehrerin mit der grausamen Minipli kennen Sie schon aus dem Prolog. Sie hatte es sich damals nicht nehmen lassen, bei der Flugrollen-Einführungsstunde Hilfestellung an der Matte zu leisten, das heißt, sie versuchte, unsere schwäbischen Genicke vor dem Bruch zu bewahren. Ob das aus reiner Nächstenliebe geschah, sei dahingestellt, vielleicht wollte sie auch einfach nicht ins Gefängnis. Auf jeden Fall zwang sie uns, sich ihr völlig anzuvertrauen, was ich als ungeheure Anmaßung empfand, denn sie war ein kleines, schmales Mäuschen.

Mit ihren geschätzten vierzig Kilo könnte sie heutzutage nie und nimmer mehr Sportlehrerin werden, sie käme allenfalls noch auf die Titelseite einer medizinischen Fachzeitschrift für Bulimie-Kranke.

Generell war mein Problem beim Turnen, dass ich ein ziemlicher Grobmotoriker bin, ein Bewegungs-Legastheniker vor dem Herrn. Gut, im Kopf war ich eigentlich schon immer ganz helle. Aber leider sitzt dieser Kopf auf einem Körper, der ihm nicht gehorcht. Wenn mein Kopf sagt: »Lauf an und grätsche über diesen Kasten!« – was macht mein Körper? Er bremst ab, kneift die Beine zusammen und knallt volle Lotte gegen das Holz. Was ich dabei nicht verstehe, ist: Mein Körper tut sich damit selbst keinen Gefallen. *Er* muss ja schließlich danach wochenlang mit blauen Knien herumrennen. Aber irgendwie macht ihm das wohl Spaß, diesem masochistischen Idioten.

Soziologen sprechen gerne von entfremdeter Arbeit oder entfremdeten sozialen Beziehungen. Ich denke, wo es nie einen Zusammenhalt gegeben hat, kann auch nichts entfremdet werden. So ist das mit meinem Körper und mir. Wie soll man hier etwas voneinander entfremden? Eben.

Aber zurück zu unserer Turnstunde.

Ich war jetzt also an der Reihe, meine Flugrolle vorzuführen. Natürlich hatte ich nicht die geringste Ahnung, wie so etwas bewegungsablauftechnisch zu bewerkstelligen sei. Das Einzige, was ich wusste, war, dass es bei den anderen recht einfach und schlüssig aussah. Aber ich wimmerte der Lehrerin entgegen: »Ich kann das nicht.« Sie antwortete lapidar: »Natürlich kannst du das, Stephan. Die anderen können es ja auch.« Vor so viel unbestechlicher Logik hätte sich ein Immanuel Kant sicherlich tief verneigt – sofern er nicht einen vom Schulsport geschädigten Rücken hatte. Trotzdem hat dieser Satz etwas von der schlimmen Phrase von Hundebesitzern: »Der tut nix, der will nur spielen.«

Egal, ich wollte auf jeden Fall nur weg. Aber mein blöder Körper dachte natürlich wieder: »Das kriegen wir schon hin.« Ohne mich zu fragen, rannte er plötzlich los, auf die kniende Sportlehrerin und die große blaue Matte zu. Davor lag ein kleines hölzernes Sprungbrett, das die Dinge erleichtern sollte, und auf das ich jetzt mit voller Wucht und beiden Beinen aufsprang. Wenn ich mich damals für Physik interessiert hätte, wäre mir klar gewesen, dass das zu viel des Guten war. Wenn sich meine Sportlehrerin für Physik interessiert hätte, hätte sie mich an dieser Stelle zu stoppen versucht. Aber ich war nicht Einstein und meine Sportlehrerin leider auch nicht.

Ihren ausgestreckten Arm nahm ich in meinem Schwung der Einfachheit halber gleich mit und machte, was man im besten Falle als eine missglückte Hechtrolle bezeichnen konnte. Allerdings wollte sich mein blöder Körper unbedingt überschlagen, weil das zur Flugrolle dazugehört. Also verbog ich mich nach vorne und rammte mein Genick in die Matte, dass es nur so krachte. Die Sportlehrerin flog hinter mir her, nicht zuletzt, weil ich mich als zusätzliche Sicherheit in ihren Haaren verbissen hatte. Es gab ein ungeheures Kuddelmuddel aus Stephanteilen, etwas Lehrerin und lauten Schmerzensschreien. Meine klangen dumpf, aber ihre waren glasklar zu hören. Sie tönte wie eine Sirene. Als wir uns aufrappelten, war mir übel, weil ich eine leichte Gehirnerschütterung und ein Schleudertrauma hatte. Außerdem hatte ich den Mund voll mit ihren Miniplihaaren, von denen ich ihr ein ganzes Büschel ausgerissen hatte. Wenigstens behauptete sie diesmal nicht, dass ich es mit Absicht getan hätte. Gut, das konnte sie auch nicht. Sie konnte nämlich nicht mehr reden, weil sie sich auf die Unterlippe gebissen hatte.

Weil ich fest glaube, dass die Menschen es selbst in der Hand haben, ihre Zukunft positiv zu gestalten, möchte ich an dieser Stelle noch einmal die Frage aufwerfen: Warum bringt man Kindern die Flugrolle bei? Ich musste nach meiner Erfahrung drei Wochen mit einer steifen Halskrause herumlaufen (auf die mir meine lieben Mitschüler zu allem Elend auch noch boshafte Flugrollen-Karikaturen zeichneten), und die Sportlehrerin musste an der Lippe genäht werden. Letztlich war also niemandem geholfen.

Was soll das also? Sollen wir Jungs vielleicht eines Tages auf den Spuren von Bruce Willis wandeln, wie in seinen »Die-Harder-Tagen«, aus irgendwelchen Flugapparaten baumeln und in maskulin durchgeschwitzten T-Shirts Ganoven jagen? Wohl kaum. Entweder geht man zur Polizei – dann bringen sie einem das schon bei – oder man geht zum Film und überlässt es den Stuntleuten. Um es mit Heideggers Worten auszudrücken: In ontologischer Hinsicht fällt der Sportunterricht mit dem »Nichts« zusammen. Zieht man jetzt noch Adorno zu Rate, bedeutet das zwangsläufig das »Aus« für das Bodenturnen im Sportunterricht, denn es gibt ja »nichts Richtiges im Falschen«. Oder wenn ich es einmal mit meinen eigenen Worten formulieren darf: Da kann man seinen Kindern gleich eine Rasierklinge in die Hand drücken und sie auf die Autobahn zum Spielen schicken.

In meiner persönlichen, nach unten offenen Sport-Antipathie-Skala rangieren an zweiter Stelle nach dem Turnen die Bundesjugendspiele. Ich persönlich kenne keinen vernünftigen Menschen, der die Bundesjugendspiele mag. Außer den Einser-Sportlern natürlich – aber die fallen ja nicht unter die Kategorie »vernünftig«. Unter demokratischen Gesichtspunkten müsste diese faschistoide Folter längst abgeschafft sein. Aber weit gefehlt. Im vorletzten Sommer ist eine Schülerin dabei in der Hitze tot umgefallen. An der pädagogischen wie menschlichen Qualität unserer Sportlehrer hat sich offenbar nichts geändert – die guten Sportlehrer unter Ihnen mögen mir diese Worte verzeihen, Sie wissen ja selbst, wie Ihre Kollegen drauf sind.

Nach der Bodenturnerfahrung versuchte ich, die Bundesjugendspiele ganz zu schwänzen. Das ständige Opponieren gegen sportliche Handlungen hatte nämlich mein schauspielerisches Talent gefördert. So gelang es mir, meinen Eltern eine gelungene Version von akuter Darmgrippe vorzuspielen – ich musste dazu nur regelmäßig aus dem Zimmer aufs Klo rennen. Unterstützend aß ich heimlich einige Dosen ungekochtes Sauerkraut, so dass es ein Leichtes war, ein glaubwürdiges Geruchsambiente herzustellen.

Da für die Bundesjugendspiele mehrere Tage angesetzt waren, konnte ich drei entspannte Tage im Bett mit meiner damaligen Lieblingslektüre »Winnetou I« von Karl May verbringen. Am dritten Tag gab ich eine überzeugende Vorstellung des Genesenden, da ab dem vierten Tag – so der Erfahrungswert – von meinen mittlerweile besorgten Eltern der Hausarzt hinzugezogen worden wäre, welcher ein feines Gespür für kindliche Drückeberger hatte und schauspielerische Leistungen mit fiesen Zäpfchen bestrafte.

Also wurde ich lieber rasch wieder gesund, kam strahlend in die Schule und war sicher, dass die anstehende Sportstunde keinen Raum bieten würde, die aufwendigen Disziplinen der Bundesjugendspiele (Rennen, Werfen, Hoch- oder Weitsprung) nachzuholen.

Unsere Sportlehrerin führte uns in den Hof auf den Aschenplatz, nahm vier von uns in die Mitte und lächelte: »So, da ihr alle vier in den letzten Tagen ›krank‹ gewesen seid, lohnt es sich, für euch die Disziplinen nachzuholen. Für einen allein hätte ich es nicht gemacht – aber vier kann ich nicht unbewertet lassen.« Hier zeigte meine Sportlehrerin ein geradezu gruseliges psychologisches Geschick. Wir sahen uns alle hasserfüllt an. Warum nur hatten die anderen Arschlöcher die gleiche Idee gehabt?

Natürlich war ich miserabel. Das Ergebnis meines 100-Meter-Laufs kommentierte sie mit den Worten: »Stephan, du bist reif für das Guinness-Buch der Rekorde – das ist die schlechteste Zeit, die jemals bei Bundesjugendspielen gelaufen wurde.« Das war sicher richtig, denn ich hatte keinen Sinn darin gesehen, die Strecke möglichst schnell zurückzulegen. Dementsprechend notierte sie mich zehn Zentimeter unterhalb des Tabellenrands – was bedeutete, dass ich nicht einmal einen einzigen Punkt errungen hatte.

Auch beim Ballwurf erhielt ich null Punkte. Das fand ich ausgesprochen ungerecht, denn ich hatte den Ball eindeutig in die richtige Richtung befördert, wenn auch nur einige Meter. »Weitsprung« nennt man schließlich die Disziplin, bei der man wie ein Irrer auf einen Sandkasten zurennt und im letzten Moment versucht, ein komplett durch Sand verdecktes Brett vor dem Sandkasten mit einem Fuß zu treffen und dann mit einem gewaltigen Satz nach vorne zu springen. Dabei sollte man seinen Hintern tunlichst so nach vorne recken, dass es aussieht wie beim Felgaufschwung am Stufenbarren – nur halt ohne Stufenbarren. Natürlich tritt man beim Absprung leicht über das Brett und gemeine Sportlehrer haben schon ganze Generationen von frustrierten Schülern wegen dreimaligen Übertretens aus der Wertung genommen – das kann nämlich in der Hektik niemand beweisen.

Jetzt war ich dran. Ich stellte mich auf und beschwerte mich erst mal über die schlechten äußeren Bedingungen, da ich von der Sonne geblendet wurde, was die Lehrerin mit den Worten kommentierte: »Stephan, bei dir spielt der Sonnenstand, glaube ich, keine große Rolle.« Das war gemein und die Klassenkameraden kicherten. »Na bitte, wie ihr wollt«, gab ich zurück und rannte trotzig auf den Sandkasten zu. Nach etwa der Hälfte der zurückgelegten Strecke (also nach zehn Metern) zeigten sich jedoch erste Erschöpfungserscheinungen. Ich wurde immer langsamer und fragte mich bei jedem Schritt, was das eigentlich solle, zumal ich das Brett vor lauter Sand nicht richtig sehen konnte. Ich sprang dann ab, zog die Knie an und versuchte gleichzeitig den Hintern nach vorne zu ziehen, um möglichst wenig Schwung zu verschwenden. Das war für meine Verhältnisse eine sportliche Meisterleistung – wenn ich denn nur genug Schwung gehabt hätte. Der war nämlich bei der Annäherung an das Brett zwischenzeitlich komplett verlorengegangen. So sprang ich eher hoch als weit und landete mit dem Gesäß in der Nähe des Absprungpunkts, sprich, ich erreichte nicht einmal die Sandgrube. Das war ausgesprochen schmerzhaft, da dort zwar genug Sand lag, um das Brett zu verdecken, aber leider nicht genug, um meinen Hintern genügend abzufedern. So lag ich da im Niemandsland zwischen Brett und Grube und erlebte das, was ich bei nahezu allen sportlichen Tätigkeiten erlebe: das Gefühl, versagt zu haben, verbunden mit starken Schmerzen. Überflüssig zu erwähnen, dass auch diese sportliche Leistung nicht wie vorgesehen erfasst werden konnte.

Ich muss gestehen, dass ich angesichts meines kläglichen Ergebnisses kurz überlegte, wie es Leichtathletik-Stars schaffen können, zwischen acht und neun Meter weit zu springen. Mir kam das damals vor, als könnte man mit dem Trampolin zum Mond hüpfen. Heute denke ich natürlich nicht mehr über so etwas nach. Denn gerade der Weitsprung ist eine der gesundheitsschädigendsten Disziplinen überhaupt. Die Natur hat uns einfach nicht die entsprechenden Gelenke und die nötige Muskulatur dafür mitgegeben. Carl Lewis, eine der großen Weitsprung-Legenden, sitzt heute mit Arthrose und Gelenkverschleiß im Rollstuhl. Ich finde das extrem traurig und ich wünschte, er hätte dieses Buch früher lesen können.

Wer jemals in Australien war, weiß auch, dass das Hüpfen eine völlig hirnrissige Fortbewegungsart ist, weil es jegliche Körperkontrolle während der Bewegung ausschließt. Kängurus, die ebenfalls 8- bis 9-Meter-Sätze machen, werden zu Tausenden von Autos angefahren und liegen danach zusammengeknäult im Straßengraben. In gewisser Weise enden sie also wie Carl Lewis.

Aber zurück zu unseren Bundesjugendspielen: Wer eine gewisse Punktzahl erreicht hatte, dem winkte außer einer guten Note auch noch eine Urkunde. Es gab die Sieger- und die Ehrenurkunde. Die Ehrenurkunden waren für die Stars, die Siegerurkunden für den ganzen Rest, und die Kategorie »keine Urkunde« traf auf mich zu.

Mir war das egal. Eine Siegerurkunde hätte ich sowieso abgelehnt. Sie ist ein Trostpreis für diejenigen, die an der Ehrenurkunde gescheitert sind. Sie ist eher eine Art Teilnahmebescheinigung mit der Aussage: Schön, dass du mitgestolpert bist. Die Siegerurkunde hat denselben Makel wie Silbermedaillen bei den Olympischen Spielen, die letztlich nur besagen: Man ist von allen Verlierern der Beste.

Die Ehrenurkunde machte da schon mehr her. Sie war größer, ihre Pappe dicker und die aufgedruckte Unterschrift des Bundespräsidenten sollte sie wohl besonders schmücken.

Zu meiner Zeit hieß der Bundespräsident Karl Carstens, nach

meinem Eindruck ein ziemlich farbloser Seitenscheitel-Heini mit dem Charisma eines Kontoauszugdruckers. Meines Wissens hatte er zudem eine ungeklärte Nazi-Vergangenheit, aber das ist ein anderes Thema.

Jedenfalls hätte ich von diesem Herrn nie eine Urkunde entgegengenommen, schon gar nicht für so einen Quatsch wie den Dreikampf. Andere Jungs aus meiner Klasse hingegen waren ganz versessen auf die Ehrenurkunde. Teilweise rahmten sie sie sogar ein und hängten sie zusammen mit dem »Fahrtenschwimmer«-Ausweis in ihr Zimmer. Wahrscheinlich taten sie das in der Hoffnung, dass pubertierende Mädchen beim Anblick dieser Leistungsnachweise wilden Sex mit ihnen machen würden. Es mag sein, dass sich beim weiblichen Geschlecht kurzfristig ein gewisser Erfolg eingestellt hat, von Dauer war er eher nicht. Nach meinen Informationen fahren heute überdurchschnittlich viele Ehrenurkundler Taxi oder beziehen Hartz IV, und da fehlt der Sexappeal eindeutig.

Das Schöne am Schulsport wiederum ist: Er produziert am laufenden Band Antihelden wie mich, die sich dann mit geschliffenen Worten für all das rächen, was man ihnen angetan hat. Ich glaube wirklich: Ohne den Schulsport als Feindbild wäre ich nie ins Humorfach gekommen, sondern würde heute wahrscheinlich wie die ehemaligen Einser-Sportler täglich zwanzig Menschen vom Bahnhof ins Hotel fahren. Deswegen denke ich mir: der Schulsport hat doch irgendwie sein Gutes. Er bringt jedenfalls ungewöhnlich viele belesene junge Menschen hervor. Schade, dass Adorno nicht mehr erleben kann, wie ich gerade elegant und en passant seine wichtigste These widerlegt habe. Es gibt eben doch ein »Richtiges im Falschen«.

Als Bewegungsmuffel geboren

Oft habe ich mich gefragt, woher meine Abneigung gegen körperliche Betätigung eigentlich kommt. Einige Punkte habe ich schon angesprochen. Die Religion, die Kultur, der Wunsch lange zu leben etc. Diese Gedanken sind das Resultat einer langjährigen Reflexion, die man frei nach Descartes so ausdrücken könnte: »Ich denke, also bleib ich sitzen.«

Mich interessiert aber darüber hinaus, ob es etwas in mir gibt, was mich dazu gebracht hat, so zu sein, wie ich bin. Oder anders gefragt: Bin ich genetisch möglicherweise zu sportlicher Enthaltsamkeit disponiert? Wir wissen heute, dass nicht nur unser Aussehen und Körperbau, sondern auch viele unserer Verhaltensweisen und Charakterzüge genetisch bedingt sind. Amerikanische Wissenschaftler haben kürzlich herausgefunden, dass beispielsweise Schüchternheit nicht anerzogen ist, sondern vererbt wird. Vor zwei Jahren wurde dann auch prompt das Gen für Schüchternheit entdeckt. Man hätte es sicher schon viel früher gefunden, aber es hatte sich hinter einem anderen Gen versteckt.

Wendet man diesen Gedanken auf mich an, ist die Sache ganz klar: Meine Eltern waren klassische Stubenhocker und sind es bis heute geblieben. Ihre Lieblingsbeschäftigung war das Fernsehen. Sie haben auch nie andere Interessen entwickelt. Meine Mutter versuchte nur ein einziges Mal, gegen diese trostlose Ödnis zu rebellieren, ist aber an der Trägheit meines Vaters gescheitert. Eines Abends saß mein Vater im Wohnzimmer und schaute ›Dalli-Dalli‹, als plötzlich meine Mutter hereinstürmte und schrie: »Harald, ich kann so nicht mehr weitermachen!« Mein Vater fragte ganz entgeistert zurück: »Wieso, was wolltest du denn gucken?«

Einmal kam meine Mutter verzweifelt zu mir und meinte, ob mir nicht ein Geburtstagsgeschenk für ihn einfiele, aus dem sich vielleicht mal ein Hobby ergeben könnte. Mein erster Gedanke war: Vogelbeobachtung. Da müsste er nicht viel tun. Also schenkte meine Mutter ihm ein wunderschönes Fernglas. Ergebnis: Es lag ein Jahr unbenutzt im Schrank. Mein Vater fing erst an, sich ein bisschen für dieses Thema zu interessieren, als sie ihm noch einen Käfig mit einem Wellensittich geschenkt hat.

Wegen des Fehlens jeglicher Interessen waren meine Eltern auch extrem selten mit mir draußen. Alles, was lebenswert war, spielte sich in den Augen meiner Eltern drinnen ab: essen, trinken, regelmäßiger Besuch der Toilette und fernsehen. Wenn ich ehrlich bin, waren meine Eltern so selten mit mir draußen, dass ich bis zu meinem sechsten Lebensjahr nicht einmal wusste, dass ein »Draußen« überhaupt existiert. Wenn mein Vater morgens zur Arbeit ging, dachte ich, dass er acht Stunden auf der anderen Seite der Tür steht und wartet. Meine Überlegung erschien mir seinerzeit völlig logisch, denn er war Beamter.

Man tut Beamten leicht und gerne Unrecht, weil sie keine Wertschöpfung im herkömmlichen Sinne betreiben. Sie sind in unserer Gesellschaft zu klassischen Witzfiguren geworden à la: Treffen sich zwei Beamte auf dem Flur – sagt der eine zum anderen: »Na, kannst du auch nicht schlafen?« Dabei muss festgehalten werden, dass es auch sehr viele tüchtige Beamte gibt. Mein Vater gehörte allerdings nicht dazu. Auf ihn treffen mindestens neunundneunzig Prozent aller Beamtenwitze zu. Er war bei der Post angestellt und zwar im einfachen Dienst. Das bedeutete, dass er im Wesentlichen damit beschäftigt war, Briefmarken anzulecken. Aber nur die für den Standardbrief. Für alles darüber war der gehobene Dienst zuständig.

Außerdem musste er Formulare bearbeiten, auf die seine Kollegen keine Lust hatten, zum Beispiel die Postfachanträge. Diese waren besonders verhasst, denn es gibt (bis heute übrigens) bei jedem Postamt etwa hundert Mal mehr Postfachgesuche, als Postfächer zur Verfügung stehen. Weil niemand Lust hatte, die Wartelisten zu verwalten, und um das Ganze effizient zu organisieren, heftete mein Vater die Formulare so lange von einem Ordner zum anderen, bis sie unauffindbar waren und nach zehn Jahren automatisch der Aktenvernichtung zugeführt wurden. Dadurch wurden immer mehr Postfächer frei, die aber nicht wieder vergeben wurden. Wenn ein Antragsteller anrief und sich beschweren wollte, fiel meinem Vater zusätzlich die Aufgabe zu, den wütenden Anrufer dadurch zu zermürben, dass er nicht ans Telefon ging. Wenn ich das Ganze also zusammenfasse: Mein Vater war jemand, der im Moment seiner Pensionierung nicht genau wusste, was er eigentlich die letzten fünfundvierzig Jahre gemacht hatte. Allerdings war er eines nicht: korrupt.

Er ließ sich nie bestechen – dafür hatte er vor den Konsequenzen viel zu viel Angst. Irgendwann hatte er nämlich mal in ›Bild‹ gelesen, dass es im Gefängnis nicht in jeder Zelle einen Fernseher gab, und das wollte er lieber nicht riskieren. Mal abgesehen davon gab es niemanden, der ihn bestechen wollte.

Man kann sich leicht vorstellen, dass mein Verhältnis zu meinem Vater nicht ganz einfach war und wir sehr viel Zoff hatten. Ich habe ihn immer als spießig und ängstlich erlebt. Wie oft habe ich ihn zum Beispiel gefragt: »Warum hast du nicht gegen Hitler gekämpft?« Und er antwortete nur: »Weil ich erst 1946 geboren bin.« Da ich politisch schon immer sehr aktiv war, konnte ich solche schwachen Ausreden natürlich nicht gelten lassen. Er war halt in keinster Weise ein Vorbild.

Was mich mit am meisten an meinem Vater wurmte, war die Tatsache, dass er von meiner Mutter total abhängig war, mental und physisch. Mein Vater konnte eigentlich nichts außer sich seine Kleidung selbst anziehen. Er wusste weder, wie man einkauft, noch, wie man sauber macht oder sich ein Essen zubereitet. Wenn meine Mutter irgendwann mal vier Wochen ins Krankenhaus gemusst hätte, wäre mein Vater schlicht verhungert.

Zum Glück ist es nie so weit gekommen. Das wäre auch wirklich eine bizarre Situation gewesen: Die Frau kommt nach vier Wochen kerngesund zurück, will es endlich mal wieder krachen lassen und der Mann liegt regungslos vor dem Kühlschrank.

Einmal allerdings besuchte meine Mutter für ein paar Tage ihre Schwester. In dieser Zeit sah es bei uns zu Hause unbeschreiblich aus. Es war dreckig, denn Hygiene war für meinen Vater im wahrsten Sinne ein Fremdwort. Mein Vater war der Meinung, solange ein Lebensmittel sich nicht vermehrt, riecht, Feuer fängt oder die Kühlschranktür blockiert, besteht kein Handlungsbedarf. Das Schöne aber war: Ich kam meinem Vater in dieser Zeit zum ersten Mal richtig nah. Endlich hatte er mal Zeit, mir ein bisschen was von sich zu erzählen. Unvergessen ist der Moment, wo er mir ein Hochzeitsfoto zeigte von sich und seiner Frau, also meiner Mutter, und dazu anmerkte: »Schau, Junge, das war der Tag, als sie beschloss, für uns zu putzen.«

Ich will hier nicht speziell meinen Vater anklagen, sondern stellvertretend für ihn alle Männer, die in dieser Form der Abhängigkeit leben. Neulich habe ich in der Zeitung gelesen, dass irgendwo in Deutschland eine Frau ins Koma fiel und der Mann so verzweifelt war, dass er zwei Jahre bei ihr im Krankenhaus blieb – allerdings weniger aus wirklicher Liebe, sondern um sich dort mitversorgen zu lassen. Als die Frau irgendwann endlich aufwachte, sagte er zu ihr: »Hol mir mal ein Bier.«

Aus der kulturellen Einöde meines Elternhauses konnte ich mich im Lauf meines Lebens befreien, die Unlust zu körperlicher Betätigung indes ist geblieben. Wenn mir also irgendjemand meine sportfeindliche Haltung zur Last legen möchte, darf ich ihn an dieser Stelle an meinen Vater verweisen. Tel.: 070 75–35 36 99. Rufen Sie ihn an, wenn Sie sich über mich beschweren wollen. Ich kann Ihnen allerdings gleich verraten, dass er nicht ans Telefon geht.

Für meine Unsportlichkeit ist aber nicht nur mein Vater verantwortlich, sondern auch meine Mutter. Ihr Beitrag zur Förderung meiner körperlichen Untätigkeit bestand vor allem in der Art und Weise, wie sie mich erzogen hat. Meine Mutter zählt nämlich zu der Sorte Frauen, die ihre Söhne nicht loslassen können. Das hat zwar auf den ersten Blick nichts mit Unsportlichkeit zu tun, auf den zweiten aber sehr wohl. Denn eine Mutter, die nicht loslässt, unterbindet den angeborenen Distanzierungstrieb des Kindes und damit – bildlich gesprochen – auch den natürlichen Bewegungsdrang in die Welt hinaus. Das Kind bleibt förmlich am heimischen Herd kleben.

Bei mir ist das bis heute so. Wenn ich mich nach einem Besuch zu Hause verabschiede und ins Auto steige, muss ich über vierhundert Meter zurücklegen, bis meine Mutter aufhört mitzulaufen. Das ist mir jedes Mal irrsinnig peinlich. Ich bin eigentlich ein bescheidener Typ, aber das wäre für mich wirklich ein Grund, ein schnelleres Auto zu kaufen. Ein anderes Beispiel ist, dass mir meine Mutter bis weit in mein Erwachsenenalter mit Spucke und Taschentuch den Mund sauber machte. Sie meinte, es gäbe nichts, was Dreck besser entferne als »Mama-Spucke«. Ich fand das immer lächerlich, bis ich irgendwann einmal eine rostige Stoßstange mit Hilfe ihrer Spucke säuberte und zugeben musste: Es funktioniert.

Meine Mutter versorgt mich auch bis heute mit Lebensmitteln. Unmittelbar nachdem mich meine Frau verlassen hatte, war ich dafür recht dankbar. Allerdings ist das Ganze mittlerweile in eine Art »Versorgungsterror« umgeschlagen. Was mich dabei am meisten stört, ist, dass ich nie das bekomme, was ich gerne mag. Meistens erhalte ich bei der Abreise eine Art Care-Paket mit Grundnahrungsmitteln, die mich sicher durch den Winter bringen – auch im Juni. Konkret befinden sich darin: Dosenananas, Würstchen im Glas, drittklassige Schokolade und Bohnenkaffee meiner Hasssorte.

Da kann aber durchaus noch etwas dazukommen, nämlich dann, wenn ich den verhängnisvollen Fehler begehe und irgendetwas, was ich bei den Eltern zu essen bekomme, leichtsinnigerweise lobe. Zum Beispiel eine Rinderkraftbrühe. Wenn Sie bei mir zu Hause am Esstisch auch nur in irgendeiner Weise Zustimmung äußern – es reicht schon ein beiläufig geäußertes, einsekündiges »hmm« –, bekommen Sie bei der Abreise mindestens fünf Liter davon mit. Drei davon in Tupperschüsseln und den Rest in Thermoskannen, in denen sonst Kaffee der Hasssorte drin ist.

Und das Schlimme daran ist, wenn man eine solche Gabe auch nur einmal annimmt, kann man sie nie mehr ablehnen. Die Grundregel bei Müttern lautet nämlich: Sie können ein Geschmacksurteil niemals revidieren. Wenn Ihnen zu irgendeinem Zeitpunkt im Leben mal irgendwas geschmeckt hat, gilt das für immer. Als Kleinkind mochte ich zum Beispiel wahnsinnig gerne Schmelzkäse. Das hat sich meine Mutter bis heute gemerkt, obwohl ich ihn inzwischen nicht mehr ausstehen kann. Schmelzkäse ist ja nur eine Art pädagogisches Hinführungsprodukt zum richtigen Käse. Wer einmal einen italienischen oder französischen Rohmilchkäse probiert hat, rührt das Zeug natürlich nie mehr an. Meine Mutter ist allerdings anderer Meinung. Für sie ist anderer Käse snobistischer Firlefanz. Infrage kommt allenfalls noch der zu Tode pasteurisierte Tortenbrie. Also hat sie beim Schmelzkäse die nächste Stufe des Versorgungsterrors eingeleitet. Ich bekomme den nämlich nicht nur bei meinen Eltern vorgesetzt, sondern bei Besuchen bringt sie mir auch noch welchen mit. Und zwar nicht eine Packung, sondern den Gesamtbestand an Schmelzkäsedreiecken aller auf dem Weg befindlichen Supermärkte. Von meinen Eltern zu mir nach Hause sind es immerhin 280 Kilometer, da kommt also ganz schön was zusammen.

Das alles wäre kein Problem, wenn ich vor Nahrungsmitteln keinen Respekt hätte. Ich würde die Teufelsecken in den nächsten Mülleimer befördern oder sie einfach in den Ausguss pressen. Nur bin ich eben nicht so, ich kann einfach nichts Essbares wegwerfen. Selbst einen abgelaufenen Joghurt versuche ich nach Möglichkeit noch in mein Mageninneres zu retten. Sollte sich das verbieten, wird er immerhin würdevoll zu Grabe getragen.

An meinem Respekt vor Lebensmitteln ist natürlich auch wieder meine Mutter schuld, aber das will ich nicht weiter vertiefen. Jedenfalls bin ich ein Opfer ihrer Erziehung und das nutzt sie schamlos aus. Ich habe also mit den mitgebrachten Käseecken angefangen, Haarkuren zu machen, Schmelzkäse-Gesichtsmasken, oder Freunde zu Schmelzkäse-Partys eingeladen. Mit dem Ergebnis, dass ich irgendwann fast keine Freunde mehr hatte. Viele Freundschaften konnte ich nur mühsam dadurch retten, dass ich beim Umzug oder beim Renovieren geholfen habe.

Das fanden alle ganz toll und mir war auch geholfen, denn Schmelzkäse ist eine super Spachtelmasse.

Das Problem ist nur, dass Freunde nicht andauernd die Wohnung wechseln. Irgendwann waren alle umgezogen, aber meine Eltern kommen immer noch zu Besuch. Inzwischen löse ich das Problem so: Wenn ich nach meinen Vorstellungen CDs verkaufe, bekommt jeder einen Schmelzkäse gratis dazu. Zur eigenen Sicherheit signiere ich die Käseecken. Womöglich gelangen sie auf dunklen Kanälen an meine Mutter zurück. Dann wäre ich zumindest vorgewarnt.

Spätestens seit Freud wissen wir, dass Söhne, die von ihren Müttern zu sehr gehätschelt werden, es später schwer haben, einen eigenen Antrieb zu entwickeln, weil sie nie gelernt haben, selbstständig für sich zu sorgen. Ich kann mich von diesem Defekt auch nicht ganz freisprechen. In meiner Zeit als Student habe ich beispielsweise meiner Mutter zum Valentinstag einmal eine herzförmige Schachtel mit dreckiger Wäsche geschenkt. Natürlich nur, um ihr einen Gefallen zu tun.

Sie hat sich auch wirklich darüber gefreut, denn das Geschenk war die ideale Symbiose aus Romantik und Appell an ihre mütterliche Hilfsbereitschaft. Wobei man sich über die gegenseitige Hilfe innerhalb der Familie nicht lustig machen sollte – vor wenigen Jahrzehnten wurde das noch als völlig normal empfunden. Meine Oma hat zum Beispiel oft erzählt, dass ihre Mutter – also meine Uroma – aus dem Nachbardorf drei Kilometer zu Fuß anmarschiert kam, um die Wäsche zu waschen, wenn Oma mal krank war. Irgendwie war das doch auch etwas Schönes. Heute müssen Sie als erwachsener Mann der Mutter die Wäsche zum Waschen vorbeibringen.

Selbst wenn böswillige Menschen mir jetzt eine Schmarotzerhaltung unterstellen: Klar ist doch, dass das Kind eines lethargischen Vaters und einer klammernden Mutter große Schwierigkeiten haben wird, Eigenantrieb zu entwickeln. Insbesondere einen nennenswerten Bewegungsdrang. Väterlicherseits fehlte das Vorbild, mütterlicherseits plagte das Über-Ich in Form des schlechten Gewissens bei Distanzierungsbemühungen. Wenn Sie so wollen, war ich Insasse in einem Psycho-Gefängnis – allerdings ohne den Wunsch auszubrechen.

Was die genetische Disposition und die Erziehung nicht schafften, hat schließlich unsere soziale Lebenssituation besorgt. Wie gesagt, mein Vater war ein kleiner Beamter, deshalb lebten wir in recht ärmlichen Verhältnissen. Außerdem gehörte mein Vater zu der Männergeneration, die noch den Anspruch hatte, als alleiniger Ernährer für die Familie zu sorgen, ob er das nun konnte oder nicht. Natürlich litt er dabei auch ein bisschen unter der Gesetzeslage, denn Beamte dürfen ja keiner Nebentätigkeit in der freien Wirtschaft nachgehen. Er wäre diesbezüglich aber ohnehin chancenlos gewesen, weil die meisten Privathaushalte ihre Briefmarken selber anleckten. Meine Mutter musste also mit dem Wenigen, das mein Vater heimbrachte, meine Schwester und mich ernähren.

Entsprechend war unsere räumliche Situation. Wir hatten unglaublich wenig Platz zu Hause. Mein Zimmer zum Beispiel war so klein, dass die Tür meines Kleiderschrankes nur nach innen aufging. Ein Schulkamerad von mir ist im Sommer einmal aus dem offenen Fenster gestürzt, weil er mein Zimmer mit zu viel Schwung betreten hatte. Meine Eltern waren ob dieser Enge total verzweifelt, da sie einfach nicht wussten, wohin sie uns Kinder stapeln sollten. Kurzzeitig wurde wohl auch erwogen, mir Anti-Wachstums-Hormone zu spritzen. Gott sei Dank bekam mein Vater dann bald eine Gehaltserhöhung, so dass wir in eine etwas größere Wohnung umziehen konnten, andernfalls müsste ich heute als Liliputaner beim Zirkus arbeiten.

Ich muss nicht betonen, dass es großer persönlicher Anstrengungen bedurfte, um mich Zug um Zug von meinen Eltern zu lösen und mich kulturell von ihnen zu emanzipieren. Dass ich dabei ein ganzes Branchenbuch an Psychotherapeuten verschlissen habe, liegt auf der Hand. Ich hege die Vermutung, dass ich im Laufe dieses Prozesses so viel Energie verbraucht habe, dass sich mein Körper nun schlicht weigert, für eine an sich fragwürdige sportliche Betätigung weitere Reserven zur Verfügung zu stellen.

Aber im Moment, da ich diese Zeilen schreibe, fühle ich auch Dankbarkeit gegenüber meinen Eltern. Denn eigentlich hat sich trotz widriger Umstände doch alles zum Positiven gewendet. Ich führe ein angenehmes Leben, habe einen wundervollen Beruf. Wer weiß, was aus mir geworden wäre, wenn meine Eltern jeden Tag mit mir schwimmen gegangen wären?

Total fit – aber wozu?

Nun muss ich leider zugeben, dass der gesellschaftliche Druck, mit einem gestylten Körper herumlaufen zu müssen, auch an mir nicht spurlos vorübergegangen ist. Schließlich bin ich auf der Suche nach einer neuen Partnerin, und ich weiß, dass ein straffer Körper die Erfolgschancen bei Frauen heutzutage merklich erhöht. Es handelt sich dabei um das oft zitierte »halbnackte Bauarbeiter-Syndrom«, das kurzgefasst so lautet: Man braucht nicht lesen und schreiben zu können, man kann riechen wie ein kastrierter Kater, man kann Vincent van Gogh für einen holländischen Fußballer halten, aber wenn Glutaeus, Bi- und Trizeps eine gewisse Festigkeit aufweisen, möchte sich jede Frau von einem spontan und konversationslos durchvögeln lassen. Natürlich will die Frau mit so jemandem keine Familie gründen, aber das Animalisch-Gossenhafte übt für ein kurzes sexuelles Abenteuer einen unwiderstehlichen Reiz auf das weibliche Geschlecht aus.

Das Anstrengende daran ist, dass der heutige Mann wenigstens über einen kleinen Teil dieser animalischen Komponente verfügen sollte, um bei Frauen anzukommen. In erster Hinsicht äußert sich das im Wunsch der Frauen nach einem »Knackpo«. Das Wort »knackig« hat mir in diesem Zusammenhang allerdings nie eingeleuchtet, denn ich assoziiere mit diesem Begriff eher alte, morsche Knochen. Außerdem: Wozu braucht ein Mann einen Knackpo? Ich mache doch damit keine Nüsse auf!

Trotzdem hat es mich schwer getroffen, als meine Exfrau mir

eines Morgens im Handspiegel zeigte, dass mein Hintern Falten wirft – und zwar dort, wo man sie normalerweise nicht erwarten würde. Sie selbst war schon seit längerem ein Opfer der Yoga-Mania geworden, das heißt, sie ging drei bis vier Mal die Woche in so ein esoterisches Studio und verbog sich, dass es einem angst und bange wurde. Sie behauptete zwar immer, dass sie sich danach wie ein neuer Mensch fühle, innerlich gefestigt und äußerlich stabil. Ich hab das allerdings total anders empfunden, denn sie lief herum wie ein Fragezeichen.

Zusätzlich angeheizt wurden unsere Diskussionen um das richtige Körperstyling, als sie von ein paar Freundinnen zu einem Auftritt der Chippendales eingeladen wurde. Als kultivierter Mensch dachte ich natürlich erst einmal an eine große Schau englischer Stilmöbel. Aber weit gefehlt. Denn die Chippendales sind eine Truppe wohlgeformter, fettig glänzender Amerikaner, sozusagen kalifornische Zuchteber auf Leinölbasis. Den Besuch dieser Veranstaltung hätte ich ihr trotzdem nie und nimmer nachgetragen, wenn sie mich anschließend in Ruhe gelassen hätte. Nur als sie nach Hause kam, forderte sie zusätzlich zum Knackpo noch einen Waschbrettbauch. Ich weiß nicht, was Frauen daran wirklich finden, möchte darüber auch gar nicht spekulieren. Ich stelle mir so einen Waschbrettbauch beim Sex eher unangenehm vor. Gerade für die Frau! Fühlt es sich etwa gut an, wenn es beim Drüberstreicheln hubbelt wie bei einem schlecht gefederten Geländewagen? Außerdem vertrete ich seit vielen Jahren die These, dass Männer mit Waschbrettbauch ganz schlechte Liebhaber sind. Mir ist leider nur noch keine Begründung dafür eingefallen.

Meine Exfrau fand diese These einfach nur lächerlich. Vom Gegenteil konnte sie mich dennoch nicht überzeugen. Erst als sie mich verlassen hat, habe ich mich einige Zeit später im Fitnessstudio angemeldet – einfach nur, um sie zu ärgern.

Und natürlich in der Hoffnung, mit meinem neuen Körper schnellstmöglich einen heißen Feger an meine Seite zu ziehen und meiner Exfrau so zu sagen: »Ätsch!«

Bei diesem Schritt hat mir die Tatsache sehr geholfen, dass ein Fitnessstudio eindeutig katholische Züge aufweist. Alleine das Studioinnere mit seinen Streckbänken und Beinpressen lässt Gedanken an die heilige Inquisition aufkommen – mit dem einzigen Unterschied freilich, dass die Geräte damals »Instrumente« hießen. Das ganze Ambiente hat etwas von einer mittelalterlichen Folterkammer – nur ist es besser beleuchtet und meistens über der Erde gelegen. Zudem lässt sich die Mitgliedschaft in einer solchen Einrichtung als eine Art moderner Ablasshandel verstehen. Die horrenden monatlichen Gebühren entlasten das schlechte Gewissen, egal, ob man nun hingeht oder nicht. Wenn Sie so wollen, war die Anmeldung im Fitnesscenter ein durch das Verschwinden meiner Frau ausgelöster spiritueller Akt.

Leider wurde ich bitter enttäuscht. Als ich mich zum Probetraining einfand, stürzte erst mal ein Riesenkerl mit Nussknackergesicht und Trägerhemdchen, aus dem rechts und links wahre Schweinehälften herauswuchsen, auf mich zu.

Ziemlich eingeschüchtert ob dieses Fleischberges sagte ich mit leiser Piepstimme: »Hallo, ich würde gern ein bisschen Sport machen.«

Er brüllte gefühllos zurück: »Willst du nur 'n bisschen trainieren oder willste Masse machen?«

Ohne weiter zu überlegen habe ich geantwortet: »Ist mir egal, ich will später nur nicht aussehen wie du!«

Unnütz zu erwähnen, dass er den ironischen Unterton dieses Satzes gar nicht verstanden hatte. Stattdessen fuhr er fort: »Okay, mach mal deinen Oberkörper frei, ich muss deine Definition überprüfen.« Dann kam er an mit einer Art Fühllehre. Ich weiß nicht, ob Sie eine Fühllehre kennen – das ist so eine Kombination aus Lineal und Schraubstock. Darin wird eine Bauchfalte eingequetscht, um die Fettdicke zu messen. Er hat mich gleich aufgeklärt: »Drei Zentimeter sind okay, fünf Zentimeter kann man mit einem Jahresabo wegtrainieren, ab acht Zentimetern ist Absaugen billiger.«

Dann sollte ich mich auf einem Treppensteigeapparat »warm machen«. Dieser sogenannte »Stepper« ist ein vollkommen sinnloses Gerät. Man stellt sich auf ihn drauf, geht fiktiv ein zweihundertgeschossiges Hochhaus hinauf, ist danach total erschöpft, kommt aber nicht oben an. Mir war das entschieden zu blöd. Ich stellte mich stocksteif neben den Apparat. Sofort kam der Trainer her und fragte im Sonderschulunterton:

»Was soll das?«

Meine Antwort: »Ich nehme lieber den Fahrstuhl.«

Ich merkte, dass ihn das zumindest irritierte, denn er schaute einigermaßen desorientiert aus der Wäsche. Aber ich war noch nicht warm genug, deshalb musste ich aufs Fahrrad. So ein Rad sieht gar nicht mehr aus wie ein Rad, sondern eher wie ein Rechenzentrum. Wirklich schlimm. Sie können sich da auch nicht einfach draufsetzen und losradeln, sondern Sie müssen das Gerät erst einmal konfigurieren, das heißt, Sie müssen sich mit Alter, Größe, Gewicht, Herzfrequenz und Blutdruck dem Gerät persönlich vorstellen. Dieses Rad hatte noch einen besonderen Clou, und zwar konnte man mit ihm virtuell an der Tour de France teilnehmen. Das war witzig gemacht. Mit hundert Umdrehungen zog man am führenden Lance Armstrong vorbei, ab hundertzwanzig Umdrehungen gab Lance die Tour auf, und ab hundertvierzig stürzte er in die Schlucht, wo er in tausend Anabolikakapseln zersprang. Mich hat das wahnsinnig motiviert und ich forderte meinem Körper das Letzte ab. Ich kam freudig gestimmt und freihändig winkend ins Ziel, aber das hätte ich lieber unterlassen sollen. Denn diese Fitnessräder messen die Pulsfrequenz über den Hautkontakt am Lenker. Während ich noch jubelte, ging ein Riesenalarm los und auf dem Display stand: »Plötzlicher Herztod!«

Was mir an Fitnessstudios außerdem nicht zusagt, ist ihre Anonymität. Es ist sehr schwierig, dort mit anderen Menschen ins Gespräch zu kommen. Flirtmäßig sozusagen eine absolute »No-Go-Area«. Ich erinnere mich an eine Frau, die an so einer Beincurl-Bank trainierte. Ich ging zu ihr hin und fragte ganz nett: »Entschuldigung, warum sind Sie hier?« Und sie meinte: »Wegen meiner schrecklichen Reiterhosen.« Vermutlich werden Sie mir das jetzt nicht glauben, aber ich wusste wirklich nicht, was gemeint war. Das machte mich ganz verlegen, und so fiel mir als Antwort nur ein: »Ich wegen meiner schrecklichen Turnschuhe, die muss ich endlich mal auftragen.« Von der Ohrfeige mit der Zehn-Kilo-Hantel habe ich mich bis heute nicht erholt.

Diese Szene zeigt nebenbei auch, dass wir Männer viel lockerer sind, wenn es um den eigenen Körper geht. Es gibt zum Beispiel ganz hässliche Männer, die ohne jegliches Schamgefühl in T-Shirts mit der Aufschrift »Bier formte diesen schönen Körper« herumlaufen. Frauen bringen das nicht. Ich habe noch nie eine Frau gesehen, die einen Rock trug mit der Aufschrift: »Meine Schenkel sind das Resultat einer Bindegewebsschwäche.«

Die Mitgliedschaft im Fitnessstudio habe ich übrigens wegen Nichtsnutzigkeit und sozialer Kälte nach einem Monat wieder gekündigt. Ablass hin oder her. Im Moment kümmert sich mein Rechtsanwalt um die Angelegenheit, denn ich habe in meiner anfänglichen Euphorie dummerweise gleich für ein Jahr unterschrieben, was bedeutet, dass Monat für Monat fünfundsechzig Euro von meinem Konto abgebucht werden.

Im Übrigen hatte ich mir überlegt, wenn ich schon Sport machen müsste, um eine Frau zu finden, dann könnte ich doch auch den natürlichen Weg wählen. Wie wäre es zum Beispiel mit einem *echten* Fahrrad? Warum sollte man dafür zahlen, etwas vor einer Videoinstallation zu machen, was man auch in der Natur betreiben kann? Also holte ich meinen alten Rostbock aus dem Keller, und ich muss sagen, die erste Fahrt mit meinem Fahrrad war gar nicht schlecht. Ich bin lange am Stück durchgefahren und habe die Landschaft genossen. Erst nach zwanzig Kilometern wurde der Gegenwind so stark, dass ich anhalten und das Rad vom Autodach holen musste.

Stirb langsam: Marathonlauf

Dem Fitnesswahn ist nicht nur meine Exfrau verfallen, auch meine Freunde werden zunehmend von ihm erfasst. Wenn sie sich dabei nur selbst quälen würden, könnte ich lässig darüber hinwegsehen. Das Problem ist jedoch, dass Hobbysportler sehr schnell einen missionarischen Eifer entwickeln, den man selbst als gottesfürchtiger Katholik nicht aushält. Meistens beginnt es mit Sprüchen wie »Arbeite nicht so viel« oder »Du brauchst einen Ausgleich«. Wenn man dem nicht sofort ein entschlossenes »Halt dein blödes Maul« entgegenschleudert, stehen sie einen Tag später in Trainingskluft und teuren Joggingschuhen vor der Haustür und holen einen zum Waldlauf ab. So auch in meinem Fall. Am Abend zuvor hatte ich auf einer Party einen netten Typen getroffen, mit dem ich mich angeregt über allerlei Dinge unterhalten hatte. Das Gespräch verlief sehr harmonisch, bis wir auf Sport zu sprechen kamen. Ich war wie immer freundlich und entgegnete auf den Satz, ich müsse was für mich tun, lediglich mit: »Das mag sein.« Wie er daraus ein Einverständnis zum Frühsport ableiten konnte, weiß ich nicht. Jedenfalls klingelte er morgens um acht Uhr und hechelte ein freudiges »Hallo, ich bin's« in die Sprechanlage, was ich mit einem schlaftrunkenen Grunzen quittierte. »Komm schon, der frühe Vogel fängt den Wurm«, nervte er weiter. »Aber der Wurm ist voller Tequila«, antwortete ich.

Zu einer fundierten Debatte war ich angesichts meines Katers noch nicht in der Lage, deshalb warf ich hastig die zwei schlagendsten Argumente gegen die Natur im Allgemeinen und Wälder im Besonderen in die Runde: Zecken und freilaufende Hunde. Seine Antwort war gemein. Sie lautete: »Zeckenspray und CS-Gas hab ich dabei.«

Als ich runterkam, fing es Gott sei Dank an zu regnen. Meine Bekanntschaft setzte sich ins Auto und fuhr nach Hause, diese Memme. Ich war erleichtert, denn mir wurde schlagartig klar: Joggen ist ein bisschen wie Toilette putzen. Jeder ist der Ansicht, es muss gemacht werden, aber eigentlich möchte man, dass es jemand anderer erledigt. Ich habe meine Putzfrau mal mit diesem Gedanken konfrontiert, die nur verständnislos den Kopf schüttelte. Wörtlich sagte ich ihr: »Sie bekommen zehn Euro die Stunde und dann noch mal fünf, wenn Sie dreißig Minuten ums Haus rennen.«

Zugegeben, ich finde es erheblich sinnvoller, durch den Wald und über Wiesen zu laufen, als in einem stickigen Sportstudio auf einem Laufband zu rennen. Es ist schöner, weil man durch wechselnde Landschaft läuft, es ist gesünder, weil man frische Luft atmet, und es ist weitaus weniger peinlich, denn wenn man auf die Fresse fällt, wird man nicht vor aller Augen vom Rollband abtransportiert. Man kann sich im Schutz der Bäume aufrappeln und unter Wahrung der persönlichen Würde nach Hause gehen. Trotzdem fühle ich mich beim Jogging immer an meinen Hamster erinnert, den ich als Kind hatte. Der ist den größten Teil des Tages in seinem Laufrad gelaufen und ich habe mich immer gefragt, wann er endlich merkt, dass er von mir verarscht wird. Möglicherweise hätte er es sogar irgendwann kapiert, aber er hat – wie alle Hamster – ziemlich früh das Zeitliche gesegnet. Das lag keineswegs an seinem größten natürlichen Feind, dem Staubsauger, sondern einfach daran, dass er sich förmlich zu Tode gerannt hat. Wie beim Kolibri und den

Insekten zeigt sich auch hier, dass zu großer Bewegungsdrang eindeutig lebensverkürzend wirkt. Trotz seiner Begriffsstutzigkeit haben meine Kumpel und ich ihn damals würdig bestattet. Wir haben ihn in eine Slipeinlage gewickelt, in eine leere Mon-Cheri-Schachtel gesteckt und im Backofen eingeäschert.

Doch zurück zum Laufen. Wenn man einmal etwas richtig Schauriges sehen will, fährt man am besten zum Berlin-Marathon. Dabei muss ich immer an meine Lieblingsnagetiere, die Lemminge, denken, die sich gemeinsam und ohne großes Nachdenken zu Tausenden über die Klippe stürzen. Auch beim Marathon stürzen sich zahllose Lebewesen ins Ungewisse, einziger Unterschied: Sie haben Hemdchen an mit Nummern drauf. Am Anfang hat das Ganze etwas Volksfestartiges, mit der Zeit wird es aber immer mehr zu einem Open-Air-Circus-Maximus, bei dem das Volk unaussprechliches Leid zum Nulltarif geliefert bekommt. Ich sage immer: Jeder, der behauptet, dass das eine positive Erfahrung sei, lügt auch sonst. Angehörige und Freunde der Marathonläufer verstehe ich nicht. Wie kann man teilnahmslos dabeistehen, während sich ein Mensch, den man liebt, ohne jegliche Not körperlichen Schaden zufügt?

Unnötig zu erwähnen, dass ich an einem Marathonlauf nie und nimmer teilnehmen würde. Warum auch? Warum soll ich in dreieinhalb Stunden zweiundvierzig Kilometer laufen, wenn ich in derselben Zeit nach Lissabon fliegen kann? Außerdem empfände ich es als ungeheuer demütigend, darum zu kämpfen, auf den eigenen Beinen und nicht auf denen der Sanitäter ins Ziel zu kommen.

Haben Sie schon einmal erlebt, wie Marathonläufer auf halber Strecke aussehen? Es ist zum Erbarmen! Das sind keine Menschen mehr, die sich da über den Asphalt schleppen. Das Ganze gleicht eher einem Leichensprint. Ich stelle mir immer vor, die Strecke zwischen Athen und Marathon wäre nicht zweiundvierzig, sondern sagen wir einmal fünfhundert Kilometer lang gewesen – nur spaßeshalber und weil ich gerade einen Anflug von unsportlichem Sadismus habe –, gut, das würde immerhin Arbeitsplätze in der Bestattungsbranche schaffen.

Der »tote Punkt« nach etwa zwanzig Kilometern ist für die Läufer der Moment, an dem ihnen schlagartig klar wird, was sie für einen Schwachsinn verzapft haben, als sie davon redeten, »ihren Körper einmal besiegen zu wollen«. Gäbe es nicht so viele Zuschauer, würden nämlich viele bei Erreichen dieses Punktes lieber ein Stück mit dem Bus weiterfahren. Aber nun geschieht das Unglaubliche:

Während die Läufer im Halbdelirium darüber sinnieren, ob sie auch dann noch unter fünf Stunden bleiben, wenn der Bus Verspätung hat, springen wie durch ein Wunder die körpereigenen Hormone ein und tun das, was sie schon getan haben, als der Säbelzahntiger hinter uns her war: Sie schießen Energie in den ausgelaugten Leib, nehmen uns die Schmerzen und vermitteln eine Art Glücksgefühl. Dieser temporäre Zustand wird als »Runner's high« bezeichnet und ist der wahre Grund, warum sich Marathonläufer Jahr für Jahr über diese Strecke quälen. Davor glaubt man, man muss gleich sterben, danach ist man sicher, dass man ewig leben wird. Chemisch gesehen handelt es sich bei diesen Glückshormonen um sogenannte Endorphine, die von ihrer molekularen Struktur her dem Heroin ähnlich sind. Kann man Marathonläufer deshalb mit Junkies vergleichen? Nun, das wäre sicher gemein, denn ein Junkie wäre nie so blöd, für sein Glück zweiundvierzig Kilometer durch die Innenstadt zu rennen. Er würde kurz seinen Dealer um die Ecke treffen, fünfzig Euro auf den Tisch legen und damit hätte es sich. Ein Drogenabhängiger hat im Vergleich zum Marathonläufer den Arbeitsaufwand für die Herbeiführung seines Glücksgefühls erheblich reduziert und steht damit anthropologisch gesehen auf einer höheren Kulturstufe. Wenn wir Darwins Gedanken noch einmal aufgreifen, dass nur die bestangepasste Art überlebt, müsste der Marathonläufer eigentlich vor dem Junkie aussterben.

Man hat mir in diesem Zusammenhang oft vorgeworfen, ein Zyniker und Schwätzer zu sein. Ich müsse das nur einmal selbst miterleben, dann würde sich mein ganzes Weltbild verändern. Unglücklicherweise kam der Vorwurf von meinem alten Kumpel Jens, der diese Strecke seit vielen Jahren in den verschiedensten Großstädten der Welt mitläuft. Ich wollte mir natürlich nicht vorhalten lassen, ignorant zu sein, also fragte ich beim Organisationskomitee des Berlin-Marathons nach, ob es möglich wäre, die Strecke im Begleitfahrzeug mitzufahren. Leider wurde meine Anfrage abschlägig beschieden.

Also blieb mir nichts anderes übrig, als mich tatsächlich an die Straße des 17. Juni zu stellen, um wenigstens von außen dem Hormonflash beizuwohnen. Wir lassen beiseite, dass ich vor Mitleid und Hitze dabei fast umgekommen wäre. Als Jens mit der eingängigen Nummer 40536 in der wilden Masse zu erkennen war – er war leicht ausfindig zu machen, denn er ist zwei Meter groß –, wirkte er nicht besonders glücklich. Ich hielt einen Becher kühlen isotonischen Getränks in der Hand, welches ich Jens zur Vorbeugung gegen Wadenkrämpfe übergeben sollte. Seine Freundin Vera hatte mich instruiert, kurz mitzulaufen, Jens den Becher in die Hand zu drücken und dann wieder aus dem großen Feld zu verschwinden, um ihn nicht aus dem Rhythmus zu bringen. Das gilt nämlich unter Marathonläufern als noch größere Sünde als mitten auf der Strecke aufzugeben. Ich hatte meinen Becher und beobachtete, wie Jens herangewankt kam. Es sieht sehr absurd aus, wenn der Körper eines zwei Meter großen Mannes sich völlig erschlafft über den Asphalt schiebt. Er sah aus wie ein erschöpfter Strohhalm im Wind. Ich lief vorsichtig am Rande mit und arbeitete mich langsam zu ihm vor.

Als wir auf gleicher Höhe waren, reichte ich ihm den Becher – er trank gierig und gab ihn mir wieder zurück. Dabei schenkte er mir einen dankbaren Blick. Nun ja, ich hatte in dieser Situation keinen philosophischen Diskurs erwartet, aber eine kurze Schilderung seiner momentanen Gefühlslage hätte mir schon gefallen. Wobei ich zugestehen muss, wenn zahllose Füße vor, neben und hinter einem auf dem Asphalt trappeln, kann man sich schlecht unterhalten.

Ich hatte meine Mission erfüllt und mühte mich um den heiklen Ausstieg aus der Menschenmasse. Nun wissen Sie ja, dass ich nur bedingt sportlich bin und der kurze Aufenthalt inmitten der Lemminge hatte mir vollauf genügt. Während der Operation »Erfrischung für Jens« war ich immerhin schon hundertfünfzig Meter mitgelaufen und war körperlich schlicht am Ende.

Beim Versuch, die Läuferphalanx zu durchbrechen, kamen mir jedoch immer wieder welche in die Quere. Und jetzt versuchen Sie einmal, bei einem Marathonlauf *vor* einem männlichen Läufer vorbeizukommen – da können Sie genauso gut versuchen, ihn im Laufen zu beschneiden. Nun hatte ich leider schon immer ein Faible für das Unmögliche und zwängte mich unter lautem Protestgeschrei und Geschubse vor so einem Typen vorbei. Leider übersah ich dabei die sehr kleine Frau, die direkt neben ihm lief. Ein klassischer Fall von totem Winkel.

Prompt kam die kleine Person zu Fall, weil ich den mir zugefügten Schubser ungewollt an sie weitergab und ihr einen ordentlichen Bodycheck verpasste. Sie flog, unterstützt vom eigenen Schwung, seitlich raus in die Zuschauer, die erschrocken

Platz machten, so dass sie ungebremst auf dem Grünstreifen zum Liegen kam. Ich eilte natürlich sofort hin, um mich zu entschuldigen. Offensichtlich war sie mehr erschrocken als verletzt, wenn man von dem dicken Kratzer an ihrem Knie einmal absah.

Dann schrie sie aber doch wie am Spieß. Verwundert hob ich meinen Blick von ihrem Knie zum Gesicht und erstarrte. Ich konnte es nicht glauben. Das durfte einfach nicht wahr sein!

Ich verstehe, wenn Sie mir, liebe Leser, ab dieser Stelle keinerlei Glauben mehr schenken, da ich das am liebsten selbst nicht glauben möchte. Vor mir am Straßenrand lag meine ehemalige Sportlehrerin!

»Stephan Bauer, du hast meinen Lebenstraum zerstört!«, schluchzte sie verzweifelt.

Die Polizei und ein paar Sanitäter kamen angerannt, die Szenerie mit mir über dieser zierlichen Frau sah wohl aus, als ob ich etwas Unaussprechliches mit ihr täte. Sie stießen mich grob zur Seite, und da sie nicht aufhörte, wie bei einem epileptischen Anfall zu kreischen und um sich zu treten, schnallten sie sie schließlich auf eine Trage. Ich machte mich schnurstracks davon und gönnte mir auf diesen Schrecken hin am nächsten Stand erst einmal ein Bier.

Mir tat das Ganze natürlich unglaublich leid, trotzdem frage ich mich, warum sich Menschen solchen Gefahren freiwillig aussetzen. Insbesondere frage ich mich das bei Frauen. Dass wir Männer Herausforderungen und Konkurrenzsituationen suchen, liegt in unserem Wesen. Wir sind halt noch Jäger und tief im Innern deswegen immer ein bisschen primitiv. Dass Frauen sich diesen Quark jetzt aber zunehmend zu eigen machen, ist eine schlimme Entwicklung.

Letztes Jahr ist eine Frau komplett um Manhattan herumgeschwommen. Nach ihren Gründen gefragt, sagte sie: »Das hat vorher noch nie eine Frau gemacht.«

Na und? Also, wenn es ihr nur darum ging, hätte es auch genügt, wenn sie in meiner neuen Wohnung mal den Boden gewischt hätte. Das hat bisher auch noch keine Frau gemacht.

Wellness – ein Lichtblick?

Da ich im Sport keine Glückseligkeit finden kann, habe ich große Erwartungen in die Wellness-Bewegung gesetzt. Ich hoffte, endlich einen Ansatz entdeckt zu haben, der meine Grundanforderungen an das Leben befriedigt: ein Mix aus Ruhe, Entspannung, positivem Denken und leckerem Essen. Nachdem ich andere Männer begeistert davon hatte reden hören, habe ich mir kürzlich auch einmal ein Wellness-Wochenende gegönnt.

Wellness kommt aus dem Englischen. »Well« heißt so viel wie »ooch jo«. Und genau so ist es auch. Sehr relaxed. Ich hab gleich das komplette Programm genommen: Massage, Meditieren, Lymphdrainieren, Quarkmaskieren und Ausdruckstanz gegen Pickel. Für Frauen ist es offensichtlich das Größte, sich einmal im Leben wellnessmäßig so richtig verwöhnen zu lassen. Das liegt daran, dass den Wellness-Hotels stets eine Beauty-Farm angeschlossen ist. Farm heißt das deshalb, weil so eine Art Gartenbau in der Hautfurche betrieben wird. Mit Gurken, Karotten, Kleie und Honig. Im Grunde ähnelt das einem Erntedankfest mitten im Gesicht.

Was allerdings das Angebot für Männer anbelangt, habe ich den Eindruck, dass da viel Gedöns um nichts gemacht wird. Es gab dort beispielsweise ein Schlammbad, das hieß »Aroma Element Noir«. Das war eine Mixtur aus Graphitschwebeteilchen, weißer Tonerde und mikronisierter Eichenholzkohle. Früher hätte man das einfach Asche genannt. Dieser ganze Schlamm wird auf den Körper aufgetragen und trocknet. Danach fühlt man sich extrem jung, sieht aber aus wie eine Kopie vom Ötzi. Nur bei mir ist irgendetwas schiefgelaufen, ich hatte danach merkwürdige Striemen, die aussahen wie Schwangerschaftsstreifen. Und das im Gesicht! Mich hat das eher nervös gemacht als entspannt.

Also habe ich gefragt: »Haben Sie nicht auch irgendwas gegen meine Nervosität?« Meinten die: »Aber ja doch, ein Beton-Bad.« Sie führten mich zu einer Badewanne und dann wurde der Beton zugegossen. Super. Da kommt man wirklich zur Ruhe!

Alles in allem wäre Wellness also etwas, womit ich mich anfreunden könnte. Einziges Problem dabei ist: Diese Verwöhntempel sind nicht ganz billig und ich empfinde das Umfeld eher als unangenehm. Man trifft dort viele Yuppies, reiche Wichtigtuer oder frustrierte, krebsgesichtige Chanel-Tussis mit Schoßhündchen. Bei den Männern stößt man nicht selten auf diese 50- bis 60-jährigen Typen mit ihren fetten Autos vor der Tür, wo ich mir immer sage: »Je faltiger der Sack, desto glänzender der Lack.« Wenn man Gottes Meinung über Geld wissen will, schaut man sich am besten die Leute an, denen er es gegeben hat.

Unter den Frauen dort (ich gebe zu, mittlerweile gehe ich öfter mal in die Sauna) schaffen es tatsächlich einige, selbst nackt in der Sauna noch teuer auszusehen. Die sind alle ganz dunn, geradezu ausgemergelt. Nur das Gesicht ist durch regelmäßiges Lifting so glatt, dass man meint, da säßen Mumien mit Kindermasken vor dem Gesicht. Das ist sehr, sehr gruselig. Neben ihnen hocken ebenjene Ehemänner, die garantiert unter der Woche eine schmutzige kleine Affäre mit ihrer Sekretärin haben und deshalb von ihren Frauen aus Rache genötigt werden, Wochenende für Wochenende mit ihnen Wellness zu machen. So schauen sie jedenfalls aus: leidend und fatalistisch.

Um ihren Status zu zeigen, tragen diese nackten Reichen in der Sauna neben ihrem Lifting auch so viel Schmuck wie möglich. Ich weiß ja nicht, ob Gold in der Sauna wirklich heiß wird – aber meine Exfrau hat wegen eines profanen Silberkettchens einmal fast Verbrennungen zweiten Grades davongetragen.

Eigentlich sollte man in der Sauna meditativ schweigen – das klappt nur nie. Männer unter sich schaffen das manchmal, weil Männer ohnehin weniger reden als Frauen – aber sobald zwei Frauen aufeinandertreffen, ist es vorbei. Ich weiß nicht, ob der Umstand der Entblößtheit dazu beiträgt, sämtliche Hemmungen fallen zu lassen, aber irgend so etwas muss es sein. Da wird alles besprochen – gescheiterte Kinder, gescheiterte Ehen, Krankheiten, sexuelle Abartigkeiten, Phantasien oder Vorzüge gewisser Stellungen. Ich sitze dann mittendrin und bin froh, dass mein Kopf von der Hitze schon ganz rot ist, so dass die Schamesröte nicht auffällt. Teilweise wird sogar über das sexuelle Versagen der Ehemänner vor den Ohren anderer Männer getratscht, bis selbige die Beine übereinanderschlagen, weil sie in keiner Weise bewertet werden möchten.

Leider müssen Frauen immer reden. Egal, ob zu Hause, im Beruf oder im Wellness-Center. Sie können einfach von Natur aus keine Ruhe ertragen. Bei mir ist das ganz anders. Ich liebe die Ruhe, kann gar nicht genug von ihr kriegen. Ich brauche auch sehr lange, bis ich in den Tag reinkomme. Ich rede zum Beispiel grundsätzlich nicht am Frühstückstisch. Soweit ich mich erinnere, habe ich in meinem ganzen Leben vor sieben Uhr keinen einzigen zusammenhängenden Satz gesprochen. Sollte ich noch einmal mit einer Frau zusammenleben, müsste sie das respektieren. Vor zehn Uhr will ich nicht angesprochen werden. Ab 10:30 Uhr Zweiwortsätze, ab 10:45 Sätze mit Objekten. Adverbiale Bestimmungen wären kurz vor dem Mittagessen erlaubt. Wenn eine Frau allerdings bereits um neun Uhr mit dem Konjunktiv II kommt (»Wir könnten mal wieder …«), ist es einfach gelaufen. Ich weiß, dass meine Sehnsucht nach einer ruhigen Frau zum Scheitern verurteilt ist, trotzdem darf man träumen. Und jetzt sage ich Ihnen noch was. Der wahre Grund, warum Männer auf Blowjob stehen, ist, weil sie dabei fünf Minuten Ruhe haben.

Was mich in der Wellness-Oase allerdings extrem irritierte, war die Tatsache, dass die Männer dort keinen Deut besser waren. Kaum hatten sich die Ehefrauen Richtung Schlammpackung aufgemacht (wobei ich bei manchen zu gerne die Chance nutzen würde, diskret zu einer Komplettbeerdigung überzugehen beziehungsweise die Schlammpackungen in ein Sumpfgebiet zu verlagern), legten sie richtig los. Da wurde im Stenogrammstil über die Frauen gelästert und hergezogen, angegeben, munter erzählt, welche knackige Mitarbeiterin man gerade »befördert« hatte und wie es war. Da wurde mit geheimen Gelddepots angegeben und die angesagte Luxusautomarke diskutiert, die selbstverständlich aber nicht gekauft wird, weil man sich von der Masse abheben will und das neueste Modell einfach zu normal ist. Das fährt ohnehin bald jeder!

Ich saß dazwischen und dachte dankbar an meine Bahncard 100, die mich durch die ganze Republik bringt und bei der es sich verbietet, mich an meinen PS zu messen. Als ich dann von der erhitzten Männerrunde etwas herablassend gefragt wurde, was ich denn für ein Auto fahre, signalisierte ich in Gebärdensprache, dass ich der Konversation leider nur passiv folgen könne. Erfreulicherweise gibt es in diesen Kreisen niemanden, der die Gebärdensprache beherrscht.

Doch solch vergnügter Männerrunde ist keine allzu lange Dauer beschieden. Stets kommen die Frauen etwas früher als erwartet von ihrer Yogastunde oder vom esoterischen Spitzenklöppeln zurück. Es ist wirklich sehenswert, wie plötzlich wieder alle Männerbeine übereinandergeschlagen werden. Wie im Ballett! Und ohne Rücksicht auf das, was sich dazwischen befindet. Wer daheim die Hosen anhat, zeigt sich am deutlichsten, wenn alle die Hosen ausgezogen haben.

Dennoch möchte ich hier einen Stab für die Wellness brechen. Denn immerhin macht man sich dabei nicht kaputt. Das ist schon mal was. Man sitzt zwar in der Sauna mit irgendwelchen Idioten zusammen, aber man sitzt. Wenn der Kreislauf bei den extremen Temperaturen nicht schlappmacht, ist das sogar ein schönes Gefühl. Außerdem bietet jedes Wellness-Center ein delikates Büfett an. Dabei kann man sich erfolgreich einreden, dass man beim Saunagang tierisch abgenommen hat und den drohenden Gewichtsverlust sofort durch ausgiebiges Essen abwenden muss. Darüber hinaus muss der Flüssigkeitshaushalt rasch wieder ausgeglichen werden und nichts wirkt isotonischer als ein paar Weizenbiere.

Auf ein Problem in der sonst so heilen Wellness Welt möchte ich allerdings noch kurz zu sprechen kommen: den Whirlpool. Also, ich persönlich habe nichts gegen Whirlpools, solange ich sie für mich alleine habe. Ich teile nur nicht gerne mit fremden Leuten das gleiche Wasser. Das lässt sich zwar meistens nicht verhindern, aber ich möchte anderen Menschen nicht auch noch dabei ins Auge blicken, wenn ihre Körpersäfte in meine Richtung diffundieren. Der unweigerliche Austausch von Körperflüssigkeiten wird für mich auch nicht dadurch übertüncht, dass es um einen herum ein wenig blubbert. Also: entweder alleine in den Whirlpool oder gar nicht. Im Zweifelsfall muss man halt jemanden wegekeln – aus Notwehr. Am leichtesten geht das, wenn man in den noch nicht blubbernden Whirlpool einsteigt, im Gesicht einen inneren Druck simuliert und dann die Start-Taste drückt. Schwupps sind alle draußen.

Dann fängt das Vergnügen an! Leichte Dampfschwaden steigen um mich herum auf, im Wasser schwebend, ahme ich Leonardo da Vincis Mensch nach, indem ich alle viere von mir strecke und gerade so mit den Fingerspitzen die Ränder des Whirlpools berühre. Es ist so wunderbar!

Das Wasser riecht nach Wärme und ein bisschen Chlor, meine Augenlider schließen sich. Die Welt ist ein Hort der Schwerelosigkeit – nichts und niemand kann mich in diesem Moment stören.

Plötzlich spüre ich die fremde Hand an meinem Po.

Jemand muss unbemerkt in den Whirlpool gestiegen sein. Ich tue erst so, als ob ich die Berührung nicht bemerkte, und stelle mir einen Moment lang vor, wie die kesse Frau wohl aussieht, die sich traut, einen unbekannten Mann so mutig und intim zu berühren. Dann öffne ich die Augen und schaue in ein verführerisch lächelndes Männergesicht, das sich gerade noch in der Sauna über Sportwagen und Hedge-Fonds ausgelassen hat. Ich wusste nicht, dass man einen Whirlpool so schnell verlassen kann – er auch nicht.

Lotto und andere Spiele

Trotz einiger Sympathie empfinde ich doch auch eine Art Reserviertheit gegenüber Wellness. Das rührt vor allem daher, dass ich mich im Kreise ihrer Anhänger nicht übermäßig wohl fühle. Die Ursache dieser gefühlten Antipathie ist einfach zu verstehen, denn wie ich schon angedeutet habe, stamme ich aus sehr armen Verhältnissen. Sie können sich gar nicht vorstellen, wie arm wir waren. In meiner Buchstabensuppe schwamm nur ein einziger Buchstabe.

Natürlich war es mein Wunsch, diese soziale Herkunft irgendwann hinter mir zu lassen, irgendwann mal richtig reich zu sein. Große Hoffnung setze ich dabei in den Absatz dieses Buches, von dem ich hoffe, dass es eines Tages zur »Bibel der Sitzenden« wird.

Verlassen will ich mich darauf aber nicht und deshalb spiele ich seit meiner Jugend Lotto. Dieses Glücksspiel ist sozusagen der letzte Strohhalm für alle, die beim kapitalistischen Verteilungskampf die Arschkarte gezogen haben.

Meistens spiele ich dieselben Zahlen: 2, 4, 7, 12, 19, 44. Die habe ich von meinem Vater übernommen. Das ist bei uns in der Familie so Brauch. Zum 18. Geburtstag bekommt der Sohn einen Umschlag mit den Lottozahlen.

Ursprünglich stammen die Zahlen vom Opa: 2. Armee, 4. Division, 7. Bataillon, 12. Einheit, 1944. Gut, er hat letztlich damit nichts gewonnen außer ein paar Fremdsprachenkenntnissen in der englischen Kriegsgefangenschaft.

Aber ich lasse mich davon nicht unterkriegen. Ich spiele weiter, bis ich einen Sechser habe. Ich war schon so nah dran. Jedes Mal, wenn in der Trommel die Kugeln rotieren, sehe ich: Meine Zahlen sind drin! Aber die Drecksmaschine erkennt sie nicht.

Als kleiner Junge dachte ich immer, es läge an dieser Karin Tietze-Ludwig. Die kennen Sie wahrscheinlich noch, oder? Das war diese öffentlich-rechtliche Pechsträhne. Meine Vermutung war, dass sie unter ihrer Betonfrisur einen Störsender trug, mit dem sie die Ziehung unserer Zahlen verhinderte.

Heute ist mir natürlich klar: 6 aus 49 ... – das ist mathematischer Wahnsinn!

Ältere Männer wissen, was ich meine. Sex *mit* 49 ist schon schwer genug. Ganz zu schweigen von Super Sex. Und was Spiel 77 ist, will ich mir gar nicht erst ausmalen.

Aber es hat eben trotzdem diesen Reiz. Ich weiß nicht, ob Sie das mitbekommen haben. Wenn es nach den Lottogesellschaften geht, soll es bald Jackpots mit 250 Millionen Euro geben. Ich tue natürlich bereits jetzt alles, um ihn zu gewinnen. Ich habe sogar schon zum äußersten Mittel gegriffen und mit anderen Zahlen gespielt. Das darf in meiner Familie nur niemand erfahren. Dabei hatte ich mit meinem Geburtstag, dem Taufdatum meiner Exfrau und unserem Hochzeitstag kürzlich vier Richtige. Das hat es in meiner Familie noch nie gegeben: satte sechzig Euro Gewinn! Den Geldbetrag musste ich heimlich von der Lottoannahmestelle abholen, weil mein Vater weiterhin die alten Zahlen spielt. Er begründet das damit, dass es im Zweifel leichter wäre, einen großen Jackpot mit seinem Sohn zu teilen als mit einem ihm unbekannten Menschen. Seitdem er das gesagt hat, treibt mich eine unheimliche Angst um. Sollten unsere Zahlen nämlich ausgerechnet dann gewinnen, wenn ich gerade mal wieder was anderes getippt habe, würde mein Verrat an den Familienzahlen unweigerlich auffliegen. Das wäre ein Skandal, der trotz der gewonnenen Millionen unsere Familie bis ins Mark erschüttern würde. Es klingt verrückt, aber mein Vater würde mich enterben, weil er den Jackpot nicht teilen müsste. Mir bleibt also nichts anderes übrig, als auf die Wahrscheinlichkeitsrechnung zu hoffen – dass nämlich entweder weiterhin nichts passiert oder dass meine Zahlen vorher gewinnen.

Manche fragen sich natürlich, was man mit so viel Geld machen soll? Denn seien wir einmal ehrlich, die besten Sachen im Leben gibt es doch umsonst. Ich denke dabei an Liebe, Kinder, Natur ..., wobei mir gerade auffällt, dass man diese Dinge inzwischen auch kaufen kann. Kinder gibt's per Auslandsadoption, naturmäßig kann man sich mit ganzen Inseln in der Südsee versorgen und von den Nutten müssen wir nicht reden. Sorry! »Nutten« darf man nicht mehr sagen. Das sind jetzt »Mitarbeiterinnen des Betriebsrates«. Wie dem auch sei, es ist kein Wunder, dass die Superreichen nicht wissen, wohin mit ihrer Kohle. Kürzlich habe ich gelesen, dass die russische Luftwaffe zahlungskräftigen Kunden anbietet, für 500 000 Dollar verlassene sibirische Dörfer zu bombardieren. Ich kenne mich in Sibirien nicht aus, kann mir aber kaum vorstellen, dass das sehr befriedigend ist. Zumal wenn die Urheber dieser Idee oben im Flugzeug und nicht unten sitzen.

Sollte ich mal 250 Millionen Euro gewinnen, dann wüsste ich schon, was ich machen würde. Ich würde eine Million behalten und mit dem Rest Leute ärgern. Ich würde zum Beispiel die Bundesligarechte kaufen und dann Synchronschwimmen senden.

Dunkle Seite – meine Fußball-Leidenschaft

Diese Pointe mit dem Synchronschwimmen ist ein klassischer Fall von Anbiederung an das Publikum. Der Lacher ist dabei nämlich garantiert. Allerdings muss ich an dieser Stelle zu meiner Schande bekennen, dass sich diese Aussage nicht mit meiner wahren Einstellung deckt. Shame on me! Ich weiß, Sie sind mir bis hierher gefolgt, weil Sie für Ihr Geld eine geschlossene Argumentation gegen den Sport von mir erwarteten. Aber ich muss Ihnen gestehen, dass auch ich eine dunkle Seite habe: Ich bin nämlich ein großer Fußballfan. Uff, jetzt ist es raus. Ich tröste mich damit, dass viele Künstler tief in ihrem Inneren einen gewissen Hang zur Abartigkeit haben, für den sie sich ihr ganzes Leben schämen. Dostojewski war ein leidenschaftlicher Zocker, Schubert weilte regelmäßig bei »Mitarbeiterinnen des Betriebsrates« und Goethe war angeblich ein großer Freund von heterosexuellem Analverkehr (hab ich jedenfalls mal im ›Playboy‹ gelesen). Ich will mich weiß Gott nicht mit einem dieser Genies vergleichen, aber ich glaube, dass meine heimliche Fußball-Leidenschaft angesichts dieser Laster halbwegs vertretbar ist.

Außerdem gehe ich dieser Leidenschaft ja nur passiv als Zuschauer im Stadion nach. Die bisherige Argumentationskette ist also weiterhin intakt.

Doch nun zum Thema: Ich interessiere mich ausschließlich für Vereinsfußball. Für unsere Nationalmannschaft kann ich mich beim besten Willen nicht erwärmen. Da ist irgendwie keine Action drin. Auch die letzte WM im eigenen Land ging ziemlich spurlos an mir vorbei, weil ich immer ein großer Fan von Olli Kahn war. Seine Degradierung zur Nummer zwei hinter die Locken-Zicke von Arsenal London habe ich Jürgen Klinsmann nie verziehen. Als Jens Lehmann dann auch noch gut gehalten hat, war es ganz aus.

Natürlich habe ich einen Lieblingsclub, nämlich den Hamburger SV. Ich nehme an, an dieser Stelle werden einige Leser losprusten und denken: »Kein Wunder, dass der keine Frau findet«, und in der Tat glaube ich da selbst an einen gewissen Zusammenhang. Als meine Frau mich vor mittlerweile zwei Jahren wegen eines anderen verlassen hat, hat mich das zwar sehr getroffen, aber ich konnte es halbwegs gut verarbeiten, da der HSV zu dieser Zeit auf Platz 3 stand. Endlich konnte ich mir die lang ersehnte Vereinsbettwäsche kaufen. Meiner nachfolgenden kurzzeitigen Affäre nötigte das blauweiße Schlafaccessoire sogar Bewunderung ab (»Die spielen doch oben mit, oder?«). Nachdem der HSV zwischenzeitlich auf Platz 18 gerutscht war, ersetzte ich die Bettwäsche durch eine »Biene Maja«-Garnitur. Ich dachte mir, Mitleid zu erregen wirkt immer noch erotischer als in Symbolen der Erfolglosigkeit zu pennen. Aber das war nur vorübergehend. Im Moment sieht es ja wieder sehr gut aus und mein Schlafzimmer wird deutlich von den Vereinsfarben Schwarz, Blau und Weiß dominiert (ich habe sogar eine HSV-Wärmflasche!).

Das Auf und Ab beim HSV ist natürlich hausgemacht. Alle vier Jahre wird dort eine neue Mannschaft aufgebaut, und anschließend werden alle guten Spieler wieder verkauft. So ähnlich arbeiten übrigens auch Zuchtbetriebe für Deckhengste. Auf die Verkäufe der Leistungsträger folgt jedoch mit schöner Regelmäßigkeit der sportliche Niedergang. Nur in Hamburg begreift man diesen einfachen Zusammenhang nicht. Aus Tierversuchen weiß man: Eine Maus, die beim Anblick eines Fressnapfs jedes Mal einen Stromschlag verpasst bekommt, ändert ihr Verhalten und sucht Alternativen. Ein HSV-Manager dagegen würde immer wieder zum Fressnapf rennen in der Hoffnung, dass irgendwann der Strom ausfällt.

Und trotzdem liebe ich diesen Verein. Das ist ja das Schlimme. Über eine Frau kommt man hinweg, aber nicht über seinen erfolglosen Club. Frauen verachten Männer oft für ihren Fußball-Fanatismus, weil sie sich im tiefsten Innern wünschen, der Mann möge auch nur ein einziges Mal so zu ihnen stehen wie zu seinem Verein. Als der HSV vor einigen Jahren schon mal ziemlich erfolglos war, sagte meine Ex immer, ich solle das nicht so ernst nehmen. Ihre Worte waren: »Wenn du rumlost, kümmert sich der HSV ja auch nicht drum.« Ich habe dann versucht, ihr meine Hingabe zu erklären, habe ihr alte Mannschaftsfotos gezeigt von 1980, 1990, 2006: »Schau, das sind meine Freunde.« Und sie meinte: »Das sind doch jedes Mal andere.« Eine Frau können Sie eben nur schwer für Fußball begeistern. Vor einigen Jahren nahm ich meine Exfrau einmal mit ins Stadion und der wunderbare Sergej Barbarez schoss ein Wahnsinnstor. Ich wandte mich ganz stolz an sie und wollte wissen: »Na, was sagst du dazu? Hast du gesehen, wie der abgezogen hat?« Sie sah mich nur kühl von der Seite an und meinte dann: »Das würde ich mir von dir auf dem Klo auch mal wünschen.«

Die enge Verbindung zwischen Fan und Club stammt übrigens aus dem Lehenswesen. Es ist ein Schutz-und-Trutz-Verhältnis. Der Verein als übergeordnetes Ganzes schenkt mir Identität, Geborgenheit und Glücksgefühle, ich ziehe dafür für ihn in den Krieg und schlafe in seiner Bettwäsche. Ich denke aber, dass mein geliebter Verein irgendwann für alles die Quittung bekommen und absteigen wird. Denn als ehemaliger Historiker weiß ich, dass das Lehenswesen vor allen Dingen am Söldnertum gescheitert ist.

Aber zurück zu Frauen und Fußball, einer wie ich findet per se zu einer unmöglichen Begriffspaarung: Jeder kennt die öden Sprüche: »Warum nur rennen zweiundzwanzig erwachsene Männer einem Ball hinterher? Ich denke, das sind alles Millionäre, kann sich da nicht jeder einen kaufen?« Das sollten wir Männer mal umgekehrt wagen, wenn sie Promisendungen im Fernsehen anschauen: Was ist bitteschön an Paris Hilton interessanter als an einem Fußballspiel? Diese sexsüchtige Blondine hat eigentlich nichts außer ihrem dicken Bankkonto und zu viel Zeit. Sie ist für uns Katholiken außerdem der lebende Beweis, dass Müßiggang aller Laster Anfang ist! Jetzt sind Liebesbriefe von ihr im Internet erschienen. Die gute Nachricht: Sie kann schreiben, die schlechte: Sie tut es auch. Schade, dass sie nichts aus sich gemacht hat. Dabei hatte sie im Gegensatz zu mir total gute Startbedingungen. Reiche, international bekannte Eltern. Benannt wurde sie übrigens nach dem Ort ihrer Zeugung – das war in Paris im Hilton. Wie arm sind da andere dran, die sich »Rüdesheim Etap« oder »Marzahn Ibis« nennen müssten!

Würden wir uns über die Yellow Press so verständnislos äußern wie Frauen über Fußball, würden diese ganz schön ausflippen. Andererseits: mal Hand aufs Herz, Männer: Was wäre, wenn Frauen sich plötzlich wirklich für Fußball interessierten? Wollen wir das? Was würde dann aus unserer letzten Bastion? Die Frauen haben heutzutage ihren eigenen Job, sie sind in der Politik erfolgreich – und kaum interessieren sie sich ernsthaft für Fußball, werden sie gleich Weltmeisterinnen. Da ist die Tatsache, dass sie nur ein Sechstel der Siegesprämie bekommen haben, die der Männer-Nationalelf gewunken hätte, ein schwacher Trost. Sogar Stefan Effenberg ist umgefallen und hat gesagt, dass er beim Finale gegen Brasilien mitgefiebert habe. Dieser Verräter!

Der Erfolg freut mich ja selbst, aber mussten die Damen wirklich ihren Weltmeistertitel mit 21 zu 0 Toren verteidigen? Und dabei auch noch sexy aussehen? Ich kann nicht genug warnen: Wenn die Frauen anfangen, in Männerdomänen einzudringen, neigen sie dazu zu übertreiben: Immer gleich Kanzlerin, immer gleich Weltmeister!

Beunruhigend finde ich, dass Frauen dabei auch männliche Eigenschaften annehmen. Sie werden emotional härter und rücksichtsloser. Unter meinen Bekannten sind inzwischen viele Männer, die nicht mehr wissen, wie sie ihre Gefühle äußern sollen, so hart werden sie von ihren Frauen angegangen. Einer klagte mir neulich sein Leid. Er wollte seiner Freundin mal was Tolles bieten und sagte zu ihr: »Komm, wir gehen essen, danach schmusen wir ein bisschen, so wie früher, mit Schmetterlingen im Bauch.« Und sie antwortete: »Wenn du Schmetterlinge im Bauch willst, steck dir eine Raupe in den Hintern.« Das ist kein Einzelfall. Meiner Meinung nach verschwinden typisch weibliche Attribute wie Herzenswärme oder Liebreiz immer mehr. Ich frag mich, woran das liegt. Die Feministinnen sagen, weil Frauen jahrhundertelang unterdrückt wurden, rächen sie sich jetzt. Die Sozialwissenschaftler sagen, da Frauen am Berufsleben teilhaben wollen, müssen sie Kälte zeigen. Und die katholische Kirche sagt: Die Frau war schon immer so.

Ich möchte mich in dieser Frage nicht festlegen, wobei ich gegen geschlechtsspezifisches Verhalten nicht das Geringste einzuwenden habe. Es besteht aus Verhaltenscodices, die über viele Jahrhunderte eingeübt wurden. Männer lieben Blut, Gewalt und Splattermovies, und Frauen lieben Fachgeschäfte für Inneneinrichtung. Das muss man akzeptieren, das kommt aus der Urzeit. Der Mann erlegte die Beute, schleppte sie in die Höhle und zerlegte sie dort. Und die Frau ging danach in Accessoireläden, um etwas zu suchen, womit sie die blutbespritzten Felswände wieder aufhübschen konnte. Ich mache auch keine Witze mehr darüber, dass eine Frau durchschnittlich siebenundsechzig Paar Schuhe hat. Mit diesem Thema hat sich eine ganze Generation von Komikern die Rente gesichert. Ich habe das längst akzeptiert als Ausdruck weiblicher Persönlichkeit: für jede Laune ein Paar. Männer kommen mit drei Paar Schuhen aus, weil sie einen weniger ausdifferenzierten Charakter haben. Ein Mann hat eines für »schlecht drauf«, eines für »gut drauf« und eines für »weiß nicht«.

Als moderner Mann will ich aber natürlich wissen, was eine Frau heutzutage so interessiert. Manchmal schaue ich mir zum Beispiel im Wartezimmer die Klatschzeitschriften an und frage mich, warum meine Exfrau beim Anblick dieser magersüchtigen Models depressiv wurde. Genauso wenig wie ich mir vorstellen kann, dass eine Frau langfristig Freude an einem Testosteron-Schwachmaten hat, begreife ich, wie man Abgemagertheit als schön empfinden kann. Dass es unter den Männern einige psychisch Gestörte gibt, die auf total dünne Frauen stehen, mag sein. Wobei ich hier, tiefenpsychologisch betrachtet, eine Angstneurose in Verbindung mit Geiz vermute. Solche Männer mögen dünne Frauen nur deshalb, weil sie zu schwach sind zum Argumentieren und Salate billig sind.

Auch wenn manches ein Rätsel bleibt: Männer sollten viel öfter Frauenzeitschriften lesen. Da erfährt man auch am besten, was der Feind im Schilde führt. Eigentlich ist es sinnlos, dass Frauen

Frauenzeitschriften lesen. Die meisten tun es nur, um sich zu informieren, was sie *nicht* anziehen können. Ich selbst bin übrigens ein großer ›Brigitte‹-Fan. ›Brigitte‹ ist eine Art ›Emma‹ für Frauen, die Make-up tragen. Ich mag da die grobe Aufteilung: Erstes Ressort: »Essen und Trinken«, zweites: »Sex«, drittes Ressort: »Liebe«. Im Grunde hat die ›Brigitte‹ dieselbe Binnenstruktur wie das männliche Hirn. Nur müsste man statt »Liebe« »Autos« nehmen.

Verlorenes Gewicht findet einen wieder

Das Einzige, was ich in Frauenzeitschriften regelmäßig überblättere, ist der Diät-Teil.

Ich bin nämlich zutiefst davon überzeugt, dass Diäten nichts bringen. Wer kennt in seinem Bekanntenkreis jemanden, der mehr als zehn Kilo abgenommen und es geschafft hat, dieses Gewicht über fünf Jahre zu halten? Ich kenne keinen Einzigen! Ich kenne nur Leute, die beim Projekt »Gewichtsreduktion« immer dicker geworden sind. Moment! Einer fällt mir ein! Haben Sie in letzter Zeit mal Karl Lagerfeld gesehen? Der hat angeblich über vierzig Kilo abgenommen und er fastet weiter. Warum? Ich glaube, weil man ihm versprochen hat, wenn er nochmal dreißig Kilo abnimmt, kommt er auf die Titelseite der ›Vogue‹ – als Schattenriss. Oder die Redakteure wollen abwarten, bis sein Zopf dicker ist als sein Oberschenkel. Ob ein solches Aussehen erstrebenswert ist, muss jeder für sich selbst entscheiden. Fest steht aber, dass Karl Lagerfelds Diäterfolg ziemlich einzigartig ist.

Der Standard-Fastende ist nämlich eher Marke Helmut Kohl. Während seiner Zeit als Bundeskanzler konnte man jedes Jahr an Ostern nachlesen, dass er wieder mal zwanzig Kilo abgenommen hatte. Wobei er auf lange Sicht immer fetter wurde. Wenn man sich heute alte Plenardebatten anschaut, ist der Abgeordnete Kohl in den siebziger Jahren ein schlanker Hering, während er Ende der achtziger einem Blauwal auf Landgang gleicht. Seine Hauruck-Diäten hat er in Form einer Schrotkur gemacht, bei der man hauptsächlich trockene Brötchen kaut und Wein trinkt. Für ihn als Pfälzer und Katholik war das ideal – das war wie multiple Kommunion, und der Wein knallte besser.

Die Fälle Lagerfeld und Kohl belegen, dass sich der Kampf um die Pfunde inzwischen auch in der Männerwelt breitgemacht hat. Für Frauen gehört das Streben nach geringem Gewicht schon viele Jahrhunderte zum sozial mehr oder weniger akzeptierten Verhalten. Inzwischen gibt es aber sogar magersüchtige Männer und Bulimiker, die sich zwischen Fressattacken und Kontrollsucht bis zum Tod herumquälen. Denken wir an den Skispringer Sven Hannawald, der am Ende so dünn war, dass er keine Kraft mehr für seinen Sport hatte. Dabei musste er sich letztlich nur auf seine Skier stellen und losfliegen. Aber nicht einmal mehr dafür reichte seine Kraft.

Früher war ich in meiner Haltung zu Diäten nicht so gefestigt und habe noch an deren heilsame Wirkung geglaubt. Teilweise habe ich mich von meiner Exfrau regelrecht schikanieren lassen. Hatte ich Freunde zu einem üppigen Sechs-Gänge-Menü eingeladen, meinte sie hinterher immer schnippisch zu mir: »Du siehst aus wie Otfried Fischer in seinem letzten Film.« Ich sei der lebende Beweis dafür, dass genmanipulierte Kürbisse sprechen können! Ich habe das am Anfang nicht recht ernst genommen, aber irgendwann stand im Bad so eine Psychoterror-Waage von irgendeinem Diätartikel-Versandhaus. Da musste ich mich jeden Morgen draufstellen, und immer, wenn ich über achtzig Kilo wog, erschien auf dem Display in Leuchtschrift die Botschaft: »Endgewicht erreicht, bitte beim Metzger melden.«

Weil ich ein guter Ehemann sein wollte, habe ich mich kurzfristig auch mal auf eine Diät eingelassen. Drei Wochen lang Vollwertdrinks aus Quellkleie mit Buchweizen-Sanddorn-Aroma. Es war furchtbar. Vor allem passten diese Drinks geschmacklich überhaupt nicht zu Pasta mit Bolognese-Sauce. Deswegen bin ich ziemlich schnell auf Darwin'sche Trennkost umgestiegen. Kennen Sie Darwin'sche Trennkost? Der Stärkste am Tisch setzt sich durch und bekommt als Einziger etwas zu essen. Diese Diät musste ich aber nach kurzer Zeit wieder abbrechen, weil meine Frau dabei fast verhungert wäre. Schließlich probierte ich eine Knoblauch-Diät, wobei man Unmengen an Knoblauch isst. Man nimmt dabei nicht unbedingt ab, aber die Leute sind weiter von einem weg und dadurch wirkt man schlanker.

Da ich aber viel zu gerne esse, habe ich das alles irgendwann gelassen. Wenn Sie so wollen, habe ich einfach aufgehört, gegen meinen Körper zu rebellieren. Irgendwann kam der Punkt, an dem ich begriffen habe, dass Diäten ähnlich wie übertriebener Sport die Gesundheit ruinieren. Moderat betrieben führen sie in der Regel zu langfristiger Gewichtszunahme und in extremer Form ausgeübt zu ständigem Brechreiz mit unschönen Keramikschäden in der Toilette. Mal abgesehen davon, dass Menschen, die gerade abnehmen, auch nur bedingt sozial verträglich sind. Ein typisches Beispiel ist eine Nachbarin von mir, die morgens eine Diät anfängt und mittags auf dem Kinderspielplatz den Kindern die Kekse wegnimmt, weil das angeblich nicht gut für die Zähne sei. In Wahrheit verspeist sie sie heimlich selbst.

Nicht dass wir uns falsch verstehen. Ich finde dick sein schlimm und alles andere als erstrebenswert. Man fühlt sich nicht wohl dabei und es sieht auch unästhetisch aus. Ein kleiner Bauch ist in Ordnung, wenn er aber die Kniescheibe liebkost beziehungsweise man von oben sein Geschlecht nicht mehr erkennen kann, ist er entschieden zu groß. Die Verfettung ganzer Landstriche vor allem in den USA ist besorgniserregend. Dort gibt es Leute, die sind im Liegen höher als im Stehen. Eine normale

Gesundheitsversorgung dieser Menschen ist kaum noch möglich. Die bringt man allen Ernstes in den Zoo, wo man sie wie Elefanten röntgt.

Wo ist der Ausweg? Die Diät kann es wie gesagt nicht sein. Seit fünf Jahrzehnten werden Tausende von Zeitschriften, Diätratgebern und Ernährungstheorien auf den Markt geworfen – alle ohne Erfolg. Allein in Frauenzeitschriften waren im vergangenen Jahr über zwanzig verschiedene Diäten empfohlen. Einer der letzten Hits war die Intervalldiät – dabei wird der Stoffwechsel durch ständig geänderte Kalorienzufuhr durcheinandergebracht und der Körper quasi zum Abnehmen gezwungen – das ist wie taktische Kriegsführung, nur gegen sich selber. Wer eine solche Diät anfängt, hat mit sich und seinem Körper bereits abgeschlossen. Der hat die Trennung zwischen Sein und Bewusstsein endgültig vollzogen und kann gleich zum Protestantismus konvertieren.

Turnusmäßig gibt es bei den Diäten einen wechselnden Hauptangeklagten. Erst war das Fett an allem schuld, dann waren es die Kohlenhydrate. Dieser Paradigmenwechsel wurde durch die sogenannte Atkins-Diät herbeigeführt, bei der man mit Nudeln und Reis zurückhaltend sein soll, dafür aber tonnenweise Fleisch, Eier und Fett (!) in sich reinschaufeln *muss*, um dünn zu werden. Sozusagen Wespentaille dank Rinderhüften. Wie wirkungslos und gefährlich diese Diätform ist, hat ihr Schöpfer übrigens durch sein eigenes Leben eindrucksvoll bewiesen. Atkins ist mit Anfang siebzig meines Wissens an einem Herzinfarkt gestorben. Offensichtlich ist er diättechnisch auf sich selber reingefallen.

Möglicherweise wäre es für ihn am besten gewesen, er hätte sich das Fett absaugen lassen, womit wir bei der radikalsten Form der Diät wären. Diese Methode ist für viele der letzte Ausweg, wenn gar nichts mehr geht. Dabei verkürzt sie die Leidenszeit auf die Dauer der Operation. Und wenn die Kilos nicht verschwunden sind, ist der Arzt verantwortlich. Fettabsaugen ist die einzige Form von Schönheitsoperation, die ich halbwegs nachvollziehbar finde. Ansonsten lehne ich diese kategorisch ab, weil die Menschen danach in der Regel hässlicher aussehen als vorher. Gerade bei Promi-Frauen sieht man das oft. Vorher ganz okay und danach oje: Oft denke ich, der Schönheitschirurg hat kein Schnittmuster zugrunde gelegt, sondern das Rezept für Fleischwurst mit Gesicht.

Mehr Genuss wagen

Der einzige Schutz gegen das Dickwerden ist meiner Meinung nach nicht der Sport, sondern der Genuss. Um ihn zu erleben, brauchen wir in erster Linie die Fähigkeit, uns an gutem Essen zu erfreuen. Über die Frage, was gutes Essen ist, gehen die Meinungen auseinander. Die einen verstehen darunter Gänsestopfleber mit Portweingelee, die anderen Spaghetti mit Erdbeermarmelade. Doch trotz aller individuellen Vorlieben gibt es einen gewissen Konsens, was so generell unter gutem Essen zu verstehen ist. Kein Mensch kann ernsthaft behaupten, es sei wirklich ein Genuss, fetten Schweinebauch mit Pommes und Mayo zu vertilgen und danach seinen Kopf in einen Fünf-Liter-Eimer Vanilleeis mit Makadamianuss und Rosinen zu stecken. Gut, er kann es behaupten, aber keiner wird ihn ernst nehmen.

Eine weitere wichtige Voraussetzung für Genuss ist genügend Zeit. Wenn man sich Zeit für ein Essen nimmt, isst man automatisch weniger. Deswegen war ich so erfreut, als vor einiger Zeit als Gegenbewegung zum Fast Food das sogenannte Slow Food aufkam. Dabei ist der Verzehr ein bewusster Prozess, langsam wird der Geschmackssinn herausgekitzelt. Wie das genau funktioniert, kann man unheimlich gut in der Schlange bei McDonald's auf dem Frankfurter Hauptbahnhof erleben, denn da muss man mindestens dreißig Minuten auf sein Essen warten.

Essstörungen sind in meinen Augen eine unmittelbare Folge aus dem Mangel an Genussvermögen. Frauen werden genussfeindlich, wenn sie das Essen nur noch als Feind ihrer Figur sehen. Seine Feinde kann man nun mal nicht genießen. Außerdem macht es keinem Mann Spaß, mit einer Frau schön essen zu gehen, wenn sie dabei nur an einem Salatblatt lutscht und im Kopf ihre Kalorientabelle studiert. Oder beim Mehrgängemenü mindestens zehn Mal aufs Klo rennt. Da weiß man(n) dann auch schnell, dass sie es entweder an der Blase hat oder sich das gesamte Menu heimlich noch einmal durch den Kopf gehen lässt. Beide Varianten schließen eine schöne Liebesnacht aus.

Nun muss man vielen essgestörten Frauen zugutehalten, dass sie aufgrund von völlig perversen Schönheitsidealen enorm unter Druck stehen. Wir Männer sind daran nicht ganz unschuldig. Wir haben die Frauen irgendwie in diesen Schlamassel hineingetrieben und können uns heute kaum noch vorstellen, dass der etwas molligere Typ mal total »hip« war. Heute ist von dieser Einstellung nichts mehr übrig. Wenn sich die Mona Lisa – das (!) Schönheitsideal der Spätrenaissance – heute in einer Modellagentur bewerben würde, würden die sagen: »Sorry, wir brauchen keine Hausmeisterin.« Ich weiß nicht, ob Sie die Mona Lisa einmal im Original im Louvre gesehen haben, für mich ist sie nach wie vor der Inbegriff der Weiblichkeit, denn egal, wo Sie stehen, Sie fühlen sich immer von ihr beobachtet.

Wie aber kommen wir zu mehr Genuss? Natürlich durch besseres und qualitativ höherwertiges Essen. Doch auch entspannte Enthaltsamkeit spielt eine Rolle. Der natürliche Gegner des Genusses ist die Maßlosigkeit. Das wusste schon die mittelalterliche Scholastik, und jeder weiß es aus eigener Erfahrung. Nach einer gewissen Menge schmecken wir immer weniger. Beim Weintrinken ist das am deutlichsten. Nach den ersten zwei Gläsern ist rein genusstechnisch der Spaß vorbei und man sollte eigentlich aufhören. Denn wenn wir am Gaumen nur noch Nuancen wahrnehmen, ist das genau der Punkt, an dem uns unser Körper sagen will: Halt, jetzt ist es gut!

Machen Sie einen ganz einfachen Test. Essen Sie in einem Restaurant zwei Mal das gleiche Gericht Ihrer Wahl. Einmal gierig und schnell bis zum Anschlag, das andere Mal langsam bis zu dem Zeitpunkt, an dem Sie das Gefühl haben, dass Sie der Geschmack der Speise irgendwie langweilt. Dann hören Sie auf und warten zehn Minuten. Das Ergebnis ist beide Male dasselbe. Sie sind pappsatt. Nur mit dem Unterschied, dass Sie im zweiten Fall nur *eine* »Schlachtplatte Hubertus« bestellen mussten.

Meine Forderung nach mehr Essgenuss betrifft natürlich auch eine gewisse Kultiviertheit bei Tisch. Wenn ich mich in Restaurants umsehe, wundere ich mich manchmal, auf welche Weise viele Leute ihre Nahrung zu sich nehmen. Oft hat das gar nichts mehr mit essen tun, es sieht eher aus, als würden sie ein Grab ausheben. Ich beobachtete mal einen Mann, der die Speisen mit falschem Besteck in der falschen Reihenfolge in falsche Körperöffnungen gesteckt hat!

Dazu kommt ein erschreckender Trend zu Fingerfood, das ohne Hilfsmittel verzehrt wird. Im Grunde genommen kommen wir kaum noch mit Messer und Gabel klar – geschweige denn mit einem für mehrere Gänge eingedeckten Tisch. Neulich habe ich versehentlich beim Nobelitaliener die Beilagen meines Nachbarn gegessen – wie peinlich!

Ich bin weiß Gott nicht spießig, aber irgendwie fände ich es schön, wenn wir hierzulande wieder zu ein bisschen Esskultur zurückfinden würden. Wobei »zurückfinden« eigentlich das falsche Wort ist. Sie muss in Deutschland wohl erst einmal etabliert werden, denn eine Esskultur im eigentlichen Sinn hat es in der Breite der Bevölkerung nie gegeben. Bei der Nahrungsaufnahme stand über Jahrhunderte die Sättigung und nicht das Genießen im Vordergrund. Und so sind die Deutschen das einzige Volk, das sich in der Kantine über das schlechte Essen beschwert, sich aber gleichzeitig darüber freut, dass die Portionen so groß sind. Gut, die Älteren können nichts dafür. In der Nachkriegsgeneration ging es vor allen Dingen darum, nicht zu verhungern. Die paar Männer, die noch übrig waren, mussten aufgepäppelt werden, damit der Fortbestand der Art gewährleistet werden konnte. Wahrscheinlich entstand in dieser Zeit eine Art gefühlter Zusammenhang zwischen großen Portionen und großen Geschlechtsteilen. Anders ist kaum zu erklären, dass selbst Beamte wie mein Vater essen wie Bauarbeiter, und sich dann wundern, dass sie aussehen wie Michelinmännchen.

Einer Esskultur wäre es außerdem sehr zuträglich, wenn wir bereit wären, für Essen mehr Geld auszugeben. Natürlich haben die Preise für Brot und Milchprodukte ziemlich angezogen, aber wenn Sie mich fragen, wurde das auch höchste Zeit. Ich habe mich schon lange gefragt, wie es möglich ist, einen Liter Milch für achtzig Cent zu produzieren. Überlegen Sie mal, was da an Arbeit dahintersteckt. Wissen Sie, wie viele Liter Blut durch ein Kuheuter zirkulieren müssen, bis ein Liter Milch herauskommt? Fünfhundert Liter! Das hat mir jüngst ein Landwirt erzählt. Was für eine gigantische Leistung! Und dabei müssen Sie bedenken, der Handel will auch noch was dran verdienen.

Trotz der gestiegenen Nahrungsmittelpreise isst man hierzulande nach wie vor vergleichsweise günstig. Laut ›Spiegel‹-Statistik geben die Deutschen nur noch etwas mehr als zehn Prozent ihres Nettoeinkommens für Nahrungsmittel aus. Das ist im europäischen Vergleich ein Platz im letzten Viertel, noch hinter Polen. Das hätte es vor zweihundert Jahren nie und nimmer gegeben, dass der Erntehelfer mehr Geld für Essen ausgibt als der Gutsherr.

Wenn man bedenkt, dass unser Gehirn alleine zwanzig Prozent des täglichen Energieverbrauchs für sich beansprucht, sollten wir es mit guter Energie versorgen. Schrott verbrennt

Schrott. Energie, die aus schlechtem Essen kommt, kann nicht gut für uns sein. Bei zu schwerem Essen wandert der Sauerstoff aus dem Kopf ab und in den Magen. Dann werden wir tranig und behäbig. Zu behäbig, um unseren Kopf dafür einzusetzen, sich schöne Rezepte auszudenken. Stattdessen greifen wir zum Telefon, wählen die Nummer des nächsten Pizzaservice, ordern »con tutto und Cola dazu«, und stehen am Tag darauf mit betroffenem Gesicht auf der Waage. Und obwohl wir uns heimlich mit zwei Fingern am Waschbecken abstützen, schickt die uns schon wieder zum Metzger.

Gutes Essen macht nicht dick, weil es gut gewürzt, aber nicht zu salzig ist, weil es nicht zu fett ist und frische Zutaten enthält, die satt machen.

Wenn Sie einmal in einem wirklich guten Lokal essen, werden Sie feststellen, dass die Portionen, die oft als zu klein belächelt werden, völlig ausreichen. Nach einem viergängigen Menü haben Ihre Geschmacksknospen eine kleine kulinarische Weltreise gemacht. Wenn dann ein feines Dessert und/oder Käse den Abschluss bilden, sind Sie ein glücklicher Mensch. Genuss ist kein Luxus, sondern notwendig, um gesund zu bleiben, man muss sich nämlich nicht mit Sport die Knochen kaputtmachen, um ungesundes Essen zu kompensieren. Genussfreudige Menschen sind umgänglich und sie sind schön, denn Zufriedenheit macht schön.

Sicher werden mir jetzt einige vorhalten, ein elender Snob zu sein, denn viele Leute hätten schlicht kein Geld für gutes Essen. Das mag für einige sicher zutreffen, und ich finde es sehr traurig, dass es Leute gibt, die von 345 Euro im Monat leben beziehungsweise dahinvegetieren müssen (wobei ich hinter das Wort »vegetieren« hier ein kleines Fragezeichen setzen muss, denn Menschen mit geringem Einkommen essen meist nur Wurst).

Für den Großteil der Bevölkerung gilt das allerdings nicht. Wenn wir ehrlich sind, ist es doch so, dass das Gros der Bevölkerung, das sozial einigermaßen sorgenfrei leben kann, schlicht nicht bereit ist, mehr Geld für Essen auszugeben. Die meisten würden lieber jeden Tag Tiefkühlpizza essen, als auf die Perleffekt-Lackierung am neuen Auto zu verzichten. Ich werfe das niemandem vor, es ist in gewisser Weise sogar verständlich, denn da wir täglich essen, ergibt sich hier natürlich ein großes Einsparpotenzial. Trotzdem ist es bedauerlich, dass Essen hierzulande nicht prestigeträchtig ist und man sich durch die Tatsache, ob man sich gut oder schlecht ernährt, keinem sozialen Milieu zuordnet. Selbst die Engländer sind da schon einen Schritt weiter. Bei Rolls-Royce hat man jetzt zum Beispiel ein geniales Auto entwickelt. Bei einem Auffahrunfall kommt kein Airbag raus, sondern ein Kissen mit einem Minzplätzchen.

Den unterschiedlichen Stellenwert des Essens in verschiedenen Ländern kann man am besten beim Brunch studieren. In Frankreich gibt es dieses Angebot meines Wissens gar nicht, weil es gegen das kulinarische Selbstverständnis der Franzosen verstößt, in Deutschland hingegen ist der Brunch ein Hit! Brunch, diese Verbindung aus Breakfast und Lunch, meint das gleichzeitige Verspeisen von Müsli, Heringssalat und Spaghetti Carbonara ohne Verdauungszäsur. Da kann man Wochenende für Wochenende sehen, wie die Menschen sich den Magen verrenken, nur um dem Wirt nichts schuldig zu bleiben. Oder anders ausgedrückt: »Wie viel muss ich noch fressen, bis ich auf meine zwanzig Euro komme?« Sie müssen mal die Leute beobachten, die das Gefühl haben, dass sie erst bei achtzehn Euro angekommen sind. Statt sich ein bisschen Muße zu gönnen, wird der Teller ein drittes Mal aufgehäuft. Andere haben Behälter dabei, in die sie alles reinschaufeln, Hauptsache, das Essen für den Montag ist auch noch gesichert. Billiglachs trifft Tiramisu – egal. Irgendwie wirkt so ein Brunch jedenfalls immer wie eine relativ freundlich gestaltete Intensivmast. Besonders faszinierend finde ich diejenigen, die gleich morgens um zehn Uhr kommen, sich einen Milchkaffee und ein Glas Leitungswasser bestellen und damit dann bis sechzehn Uhr ausharren. In dieser Zeit haben sie einen gesamten kulinarischen Sonntag hinter sich gebracht, und zwar so, wie es sich gehört. Frühstück, Mittagessen und um fünfzehn Uhr Kaffee und Kuchen, nur ohne Kaffee. Diese Leute bleiben auch völlig gelassen, wenn die Kellnerin zum zehnten Mal fragt, ob sie noch etwas trinken möchten. Diese Leute sind der Tod jeglicher Brunchkultur und damit eigentlich schon wieder sympathisch.

Das ist allerdings das einzig Positive, was ich über geizige Menschen verlauten lassen möchte. Denn Geiz ist etwas, was ich an Menschen zutiefst verachte.

Wahrscheinlich liegt das an meinen Kindheitserfahrungen. Mein Vater war nämlich – wen überrascht es – auch extrem geizig. Wenn ich früher über den elterlichen Wählscheibenapparat telefonierte, fiel er mir regelmäßig nach zwei Minuten ins Wort und flüsterte (ca. hundertzwanzig Dezibel), ich solle mich kurz fassen. Dabei klopfte er mit dem Zeigefinger mehrmals heftig auf seine Armbanduhr – eine Geste, deren Sinn ich bis heute nicht richtig verstehe. Er kannte keinen meiner Freunde persönlich, aber er wusste immer, ob das Telefonat ein Ferngespräch war. Unsere Telefonrechnung war deshalb stets niedrig. Doch jedes Mal, wenn mein Vater den Brief aufmachte, simulierte er eine Art Herzanfall. Ich bin sicher, wenn Graham Bell, der Erfinder des Telefons, meinen Vater einmal gesehen hätte, er hätte bestimmt gedacht: »Die Erfindung kannste vergessen, damit lässt sich kein Geld verdienen.«

Frauen am Herd

Für jeden Genussmenschen ist elterliche Sparsamkeit natürlich eine schwere Hypothek und es hat mich viel Willenskraft gekostet, sie langsam abzulegen. Meiner Meinung nach werden kulinarische Vorlieben und Abneigungen größtenteils in der frühen Kindheit geprägt. Nicht nur bei mir, sondern bei jedem Einzelnen.

Werfen wir den Blick zurück, war Deutschland genussmäßig ziemlich benachteiligt. Die Hungersnot der Nachkriegszeit hat unsere Gaumen, auch die der Nachgeborenen, verdorben. Was mussten die Leute damals nicht alles essen, um zu überleben: Kartoffelmehl, Kartoffelschalen, Kartoffelkäfer. Gemessen daran waren die Zeiten vor dem Krieg wahrlich rosig. Meine Oma erzählte immer, sie hätten noch in den dreißiger Jahren jedes Frühjahr ein junges Gänseküken gekauft, es großgezogen und am Martinstag geschlachtet, was für die ganze Familie ein großes Fest gewesen sei. All das war jetzt verloren. Um halbwegs an der Tradition festhalten zu können, musste man nun den Hund nehmen.

Wahrscheinlich hat die Nachkriegszeit auch dazu geführt, dass das Wenige, was die Deutschen an kulinarischer Kompetenz in den Jahrhunderten zuvor erworben hatten, wieder verlorenging. Besonders betroffen waren davon natürlich die Frauen. Diese These ist vielleicht etwas ketzerisch, aber sie ist plausibel, denn die Frauen waren ja vor allem damit beschäftigt, Deutschland wieder aufzubauen. Außerdem hatten sie keine Männer mehr zu versorgen, denn von denen gab es ja nicht mehr viele. Beziehungsweise haben die, die es noch gab, in Russland gegessen. Die deutschen Frauen kamen nach 1945 also schlicht und ergreifend aus der Übung.

Trotzdem hält sich bis heute hartnäckig das Vorurteil, dass unsere Mütter und Großmütter wahnsinnig gute Köchinnen gewesen seien. Ich halte das – mit Verlaub – für eine Legende. Diesen Satz wollte ich schon lange mal aussprechen. Selbst wenn es den Leserinnen nicht gefällt, sie können längst nicht so gut kochen, wie es ihr Ruf vermuten ließe. Wenn ich in der Werbung so einen Spruch höre wie: »Schmeckt wie bei Muttern«, denke ich nur: »Hoffentlich nicht!«

Ich will wirklich niemandem Unrecht tun, aber fragen Sie doch einmal in Ihrem Bekanntenkreis herum, wessen Mutter richtig gut kochen kann. Die, die das behaupten, wollen entweder ihre Ehefrauen ärgern oder ihre Mutter sitzt gerade daneben.

Wenn ich nur daran denke, wie meine Mutter Nudeln kocht – beziehungsweise wie lange sie sie kocht! Wenn Sie das Gegenteil von »al dente« kennenlernen wollen, statten Sie meiner Mutter einfach mal einen Besuch ab. Die freut sich bestimmt. Vor allem, wenn Sie anschließend behaupten, dass es die beste Pasta war, die Sie je gegessen haben.

Meine Mutter kann nichts dafür, es gibt nämlich einen mathematischen Zusammenhang zwischen zu weich gekochten Nudeln und dem Lebensalter der Köchin. Ab fünfzig steigt die Garzeit der Nudel pro Lebensjahr um eine Minute. Für meine Oma zum Beispiel war eine Nudel dann gar, wenn man sie optisch nicht mehr von Grießbrei unterscheiden konnte. Darüber hinaus hat sie im Wesentlichen Reste gekocht. Reste von früh bis spät. Aus was die genau bestanden, wusste keiner. Das Originalrezept wurde nie gefunden. Mein Opa sagte dazu immer: »Wenn du kochst, bekomme ich wieder Lust, vom Krieg zu erzählen.«

Das alles ist jetzt natürlich schon eine Weile her, aber die weibliche Kochkompetenz bessert sich nicht. Im Gegenteil. Der Feminismus und der Einstieg der Frauen ins Berufsleben haben dazu geführt, dass eine kochende Frau als nicht mehr zeitgemäß empfunden wird. Ich finde das äußerst bedauerlich. Es gibt ja auch das geflügelte Schimpfwort vom »Heimchen am Herd«, womit jeder Frau, die mehr als eine Dose aufwärmen kann, das Image eines biederen, spießigen Mäuschens verpasst wird. Ich frage mich, warum sollte eine Frau, die kochen kann, nicht ernst zu nehmen sein? Warum sollten sich Kochkunst und berufliche Kompetenz widersprechen? Aus Zeitgründen? So ein Unsinn! Für einen Bauch-Beine-Po-Gymnastikkurs haben Frauen auch immer Zeit.

Seit vier Jahrzehnten beklagen sich Frauen in Deutschland zu Recht über schlechte Aufstiegschancen. Das gilt für alle Branchen – außer für die Gastronomie. Hier hört man nie etwas, die Frauen überlassen den Männern kampflos das Feld. Von den zwanzig Spitzenrestaurants in Deutschland werden – raten Sie mal – wie viele von Frauen geführt? Null. Von den rund hundertdreißig Sternerestaurants in Deutschland werden gerade mal zwei von Frauen geführt.

Dabei finden wir Männer Frauen, die kochen können, total sexy. Lassen Sie sich das an dieser Stelle mal gesagt sein. Ich erzähle das auch immer meinen weiblichen Single-Bekannten, die gerade von ihrem Typen verlassen wurden. Es gibt ein ganz einfaches Rezept, Männer bei der Stange zu halten. Es lautet: Zäune niedriger bauen und besseres Futter auslegen!

Dabei haben wir Männer von heute doch wirklich kaum noch Ansprüche. Eine Frau ist für uns schon eine Spitzenköchin, wenn sie für einen Salat mehr als zwei Sorten verwendet. Trotzdem beträgt die durchschnittliche Aufenthaltszeit einer modernen Frau in der Küche allenfalls ein paar Minuten am Tag. Selbst bei Familien mit Kindern ist das nicht besser. Wie oft kommt der Pizzaservice oder man geht mit den Kindern einfach auswärts essen. Ich kenne das aus der Nachbarschaft: Wenn die Mutter das Fenster aufmacht und »essen« ruft, dann laufen die Kinder zum Auto. Mir sagte der Ehemann mal im Vertrauen, er sei darüber ganz froh: »Wenn wir nicht ins Restaurant gingen, wäre Kannibalismus bei uns ein Thema.«

Der Traum vom guten Hühnerfrikassee

Ein Essen, das es heute fast nirgendwo mehr gibt und das ich untrennbar mit meiner Kindheit verbinde, ist Hühnerfrikassee. Kennen Sie gutes Hühnerfrikassee? Ganz ehrlich, dafür lasse ich jeden Hummer stehen. Wenn das Fleisch von einem freilaufenden Huhn stammt, es also nicht zu labbrig ist, sondern richtig nach Huhn schmeckt, und die helle Sauce mit einem leichten Hauch Weißwein sämig, aber nicht klebrig daherkommt, dann trägt es den Namen Hühnerfrikassee zu Recht. Und es ist dann perfekt, wenn die Sauce auch in kaltem Zustand noch flüssig bleibt. Dazu ein paar Morcheln und frische Spargelspitzen, vielleicht ein paar frische süße Erbsen – Sie merken schon, ich gerate ins Schwärmen. Wenn Sie dazu einen guten Basmatireis kochen, den Sie mit etwas Kurkuma leicht gelblich färben, haben Sie ein wahres Festessen.

Glauben Sie aber nicht, dass meine Mutter jemals ein Hühnerfrikassee so zubereitet hätte. Nein – deshalb ist es ja auch mein größter Traum, weil er zu Hause nie in Erfüllung gegangen ist. Meine Eltern kaufen bis heute ein ganz armes Huhn aus dem Tiefkühler, das in der Legebatterie so viele Eier legen musste, dass es völlig ausgemergelt ist und von all dem Fischmehl, das man ihm während seiner 42-tägigen Lebenszeit verabreichte, eher nach Kabeljau schmeckt als nach Huhn. Das arme Ding wird in drei Stunden nicht weich, sondern hart gekocht. Mütter lernen nie, dass für Hühner das gleiche Prinzip gilt wie für Eier – je länger man sie kocht, desto härter werden sie. Dann wird das Huhn auseinandergerissen und die labbrige Haut wird mit in den Topf geworfen. Wenn man sie später mit der Gabel aufspießt, sieht das aus, als ob das Huhn im Topf gefroren hätte. Die Sauce für das arme Huhn bereitet meine Mutter mit einer Mehlschwitze zu, die so klebrig ist, dass sie sich wie eine zähe Lavawelle über den trockenen Reis quält, ohne sich in irgendeiner Form mit ihm zu verbinden. Kulinarische Krönung waren und sind Spargelspitzen aus dem Glas, die nach Spülmittel schmeckten, und statt Morcheln: Champignons dritter Wahl aus der Dose.

Ich bin sicher nicht unverschämt, wenn ich behaupte, dass meine Mutter das »Frikassee des Grauens« zubereitet! Unnötig zu erwähnen, dass sie Parboiled-Reis nimmt – so wie er schmeckt, kann man sich gar nicht vorstellen, dass er einmal an einem Reishalm gehangen hat. Parboiled-Reis hat aber den großen Vorteil, dass man ihn nicht zu weich kochen kann. Der bleibt so hartnäckig kernig, dass man ihn eigentlich sprengen müsste, um ihn in eine andere Konsistenz zu überführen.

Meine Mutter hat einmal versucht, mit Parboiled-Reis Milchreis zu machen, weil sie gerade keinen Rundkornreis im Haus hatte. Was herauskam, war ein körniger Reis mit Milchschleim, der ein bisschen anmutete wie gekochter Hagel. Das Gemisch war so interessant, dass wir Kinder es heimlich bei allerlei verwegenen Experimenten einsetzten. Gegessen haben wir den Reis nicht. Zur Verwunderung meiner Mutter war der Milchreis am nächsten Tag verschwunden. Meine Schwester und ich hatten herausgefunden, dass er sich aber prima dazu eignete, die Kinder aus der Nachbarschaft zu erpressen. Entweder sie gaben meiner Schwester und mir etwas von ihrem Taschengeld ab, oder wir flößten ihnen zwangsweise einen Löffel mit Milchreis ein.

Auf diese Art und Weise wurden wir damals um fünfzehn

Mark reicher und ich hielt meine angehende Exfrau erstmals im Arm. Gut, es war der Schwitzkasten, in dem ich sie hielt, während sie vier Löffel Brei essen musste, da sie statt der geforderten fünf Mark nur eine hatte. Für jede Mark einen Löffel – fair ist fair. Großer Vorteil der Aktion: Meine Exfrau hat nie in ihrem Leben Milchreis gekocht!

Nun war ich kürzlich wieder einmal bei meinen Eltern zum Mittagessen eingeladen. Meine Mutter hatte mir schon am Telefon mit dem Frikassee des Grauens gedroht: »Das isst du doch so gerne, Bub!« Ich habe daraufhin frische Champignons mitgebracht, um das kulinarische Niveau ein wenig anzuheben. Als das Gericht auf den Tisch kam, sah ich traurige gelblich graue Champignonscheiben darauf herumliegen – von schwimmen konnte keine Rede sein, weil die Mehlschwitze dafür zu betonmäßig war.

Ich sah meine Mutter fassungslos an.

»Warum hast du denn die frischen Champignons nicht genommen, Mama?«

Meine Mutter sah mich triumphierend an.

»Hab ich, Stephan. Ich habe dir doch gleich gesagt, dass das keinen Unterschied macht – die frischen muss man nur viel länger kochen!«

Trotz allem empfehle ich, sich durch solche Erfahrungen nicht provozieren zu lassen. Wenn man erwachsen ist und ein bisschen kochen gelernt hat, neigt man dazu, es der Mutter irgendwann mal heimzahlen zu wollen. Man stellt sich dann mehrere Stunden in die Küche, wälzt Kochbücher der Starköche, um es der eigenen Mutter einmal richtig zu zeigen. Aber ich rate Ihnen dringend: Halten Sie sich zurück! Kochen Sie nie für Ihre Mutter! Egal, mit wie vielen schlechten Hühnerfrikassees Sie Ihre

Mutter traktiert hat, bitte nehmen Sie von diesem Ansinnen Abstand und üben Sie sich in der katholischen Disziplin des Vergebens. Ansonsten geht es Ihnen wie mir letztes Jahr an Weihnachten. Meine Eltern kamen für zwei Tage zu Besuch – das war an sich schon ein Fehler, weil ich eigentlich Wert auf friedliche Weihnachten lege. Ich wollte kulinarisch auftrumpfen und meiner Mutter die große Geflügelküche demonstrieren. Also hatte ich einen Truthahn gebraten. Aber nicht irgendeinen tiefgekühlten, mein Truthahn kam frisch vom Bauern. Dann saßen wir so am Tisch und meine Mutter meinte: »Die Füllung schmeckt aber komisch. Was hast du denn da reingemacht?« Ich hatte da gar nichts reingemacht, allerdings leider auch nichts raus. Unter normalen Umständen wäre das nie passiert, aber ich wollte einfach so perfekt sein, dass ich glatt das Ausnehmen vergessen hatte.

Deutschland kocht

Gut, ich will nicht alles schwarzmalen. Ich gebe gerne zu, dass in den letzten zehn Jahren auch hierzulande in puncto Kochen etwas in Bewegung gekommen ist. Leider ist es nicht so viel Bewegung wie beim Sporttreiben, aber immerhin. Wenn man bereit ist, ein bisschen Geld auszugeben, kann man inzwischen auch in deutschen Landen richtig gut essen gehen. Dazu kommen unzählige Kochsendungen auf allen Kanälen, mit denen Jamie Oliver, Johann Lafer und all die anderen eine regelrechte Kocheuphorie in die Küchen getragen haben.

Dennoch bin ich immer wieder überrascht, wie wenig davon bei den angeblich Kochbegeisterten hängen bleibt. Neulich hatte mich ein alter Studienfreund eingeladen, der meinte, dass er gerne kocht. Ich war natürlich erst mal skeptisch. Denn etwas »gerne« machen heißt noch lange nicht, dass man es auch »gut« macht. Denken Sie an Dieter Bohlen, der singt sicher auch gerne.

Meine Bedenken rührten vor allen Dingen daher, dass besagter Freund früher Vorsitzender des kommunistischen Studentenbundes gewesen war, und Kommunisten (zumindest deutsche) habe ich noch nie mit gutem Essen in Verbindung gebracht. Leider waren meine Bedenken berechtigt. Er wollte »mal so was Italienisches« machen. Dazu nahm er 250 Gramm Spaghetti, legte sie so lange in Olivenöl ein, bis sie weich waren und nannte diese Kreation »Spaghetti olio ed olio«. Gut, nachdem seine Freundin ihm kürzlich den Laufpass gegeben hat, ist er noch in der Experimentierphase. Er hat zum Beispiel herausgefunden, dass die Frage, ob die Produkte frisch sind oder nicht, überhaupt keine Rolle spielt. Schon mit etwas Wein intus meinte er, dass man verdorbene Fischkonserven ohne Weiteres noch essen kann, wenn man sie ungeöffnet runterschluckt.

Zu allem Elend plant er nun, ein Kochbuch mit eigenen Rezepten herauszugeben – für die Freunde der ganz primitiven Küche. Er meint, in den Kochsendungen würden immer so teure Produkte verwendet, das könne so eine 345-Euro-all-inclusive-Existenz sich doch gar nicht leisten. Und ich gebe natürlich zu, wenn die Herren Lafer und Schuhbeck ihr Rinderfilet vom Biobauern im Niedertemperaturgarer zubereiten, muss sich ein Mitglied des abgehängten Prekariats vorkommen wie beim Anschauen eines Pornofilms: Man würde das auch alles gerne mal machen, aber leider fehlen dazu die Arbeitsgeräte. Das Verfahren, armen Leuten Leckereien vor die Nase zu halten, die sie sich nicht leisten können, hat aber Tradition. Schon Frankreichs Sonnenkönig pflegte mit seiner Familie öffentlich zu dinieren, üppige Hoffeste zu feiern und seinen Reichtum zur Schau zu stellen. Und auch zwei Generationen später durften die hungrigen Pariser kommen und schauen, wie Ludwig XVI. sein Frühstücksei aufklopfte. Das sahen die Leute so gerne, dass er immer nur Eier essen musste. Gott sei Dank kannte man damals noch kein Cholesterin, und da die Familie ohnehin auf dem Schafott endete, mussten sie sich weiter keine Sorgen machen, den Untergebenen ernährungsphysiologisch ein schlechtes Vorbild zu sein.

Das Buch meines Kommunistenkumpels soll übrigens ›Die schönsten Fischstäbchenrezepte‹ heißen. Angeblich sei da für jeden was dabei. Von ganz einfachen Rezepten wie »Fischstäbchen natur« über Gerichte für Gesundheits- und Linienbewusste, zum Beispiel »Fischstäbchen entpaniert«. Und natürlich der Klassiker: »Gefüllte Fischstäbchen nach Großmutters Art«. Das ist ganz einfach. Da nehmen Sie das Fischstäbchen erst aus, füllen die knusprige Hülle mit Königsberger Klopsen, kochen das Ganze kurz in Bier auf, lassen es acht Wochen in Buttermilch ziehen, bis sich alles komplett aufgelöst hat, und kippen es dann unter ständigem Rühren in den Ausguss. Nun, ich will das nicht weiter ausführen, ich sage nur, so etwas würde sich nicht einmal meine Mutter trauen.

Leider gibt es inzwischen auch das andere Extrem: Leute, die wahnsinnig auftrumpfen wollen, die Kochkunst letztlich aber nicht beherrschen. Die suchen sich in Gourmetzeitschriften die kompliziertesten Rezepte aus, bei denen die Zutatenlisten aussehen wie Seiten aus dem städtischen Telefonbuch. Das stellt für sie aber kein Problem dar. Da die Bestandteile so schwer zu beschaffen sind, denken sie bei jeder zweiten Zutat: »Och, das kann ich eigentlich auch weglassen.« Ich war mal bei meinen Marathon-Bekannten Vera und Jens eingeladen, es sollte gefüllte Wachtelbrüstchen aus der Bresse mit getrüffelten Artischockenherzen an Noilly-Prat-Rahm geben. Serviert haben sie einfach einen tiefen Teller mit Suppenhühnchen in Schlagsahne, weil es die anderen Zutaten nicht gab.

Und wie haben die Gäste reagiert? Alle machten »hmmmm«. Das ist der wirklich negative Aspekt, wenn man unter Freunden ist. Wenn irgendwer mal was kocht, haben inzwischen alle diesen Alfredissimo-Tonfall drauf: »Hmmmmm, hmmmm!« – »Die Sahne: hmmm!« Das hat Biolek zumindest in der Schicht der Besserverdienenden geschafft: Sie von schmatzenden Haxe- und Krautfressern umzuerziehen in ein paar »hmmm, hmmm«-rufende Carpaccio-Lutscher. Und als gläubiger Christ sage ich Ihnen: Alfred Biolek kommt dafür in die Hölle und muss bis in alle Ewigkeit in einem riesigen Bottich Balsamico-Essig schwimmen. In billigem natürlich, dann wird ihm das »hmmm, hmmm« schon noch vergehen.

Ich bin weiß Gott kein Sterne-Koch und gestehe freimütig, dass das obige »olio ed olio«-Rezept durchaus aus meiner Studentenzeit hätte stammen können. Nur habe ich damals schon irgendwie gespürt, dass das nicht der Sinn des Lebens sein könne. Ich gehörte auch zu den wenigen Erleuchteten, denen früh klar war, dass das Mensa-Essen auf die Dauer nicht gesund ist, jedenfalls nicht für die, die dabei das Essbesteck in der Hand haben. Also fing ich früh an, mich selbst zu versorgen. Es war ein harter Weg von Spaghetti mit Jägersauce zu wirklich leckeren Gerichten. Sehr geholfen hat mir dabei natürlich die Tatsache, dass ich die Vorlesungen meistens geschwänzt habe.

Für meine kulinarische Entwicklung war dies aber eine ganz wichtige Zeit und ich bin heute der Meinung: Wer seine Studienzeit nicht wenigstens zur Hälfte verbummelt hat, hat etwas falsch gemacht. Die Muße beim Lernen, die richtige Geschwindigkeit beim Aneignen von Informationen, ist für das ganze spätere Leben entscheidend. Klar sind viele meiner Kommilitonen (offen gestanden die meisten) mit hartem Ehrgeiz an mir vorbeigezogen und haben Jahre früher ihr Examen gemacht. Aber die sind dann in so jungen Jahren auf dem Arbeitsmarkt gelandet, dass die Personalchefs sie lieber adoptieren als einstellen wollten.

Wenn diese Einser-Absolventen nämlich gefragt wurden, was sie außer ihrem Studium noch so gemacht haben, wussten sie ganz schnell nichts mehr zu erzählen und so jemanden will kein Personalchef einstellen. Schließlich will er sich bei der nächsten Betriebsfeier gepflegt unterhalten. Der sucht gereiftere Charaktere, und nichts bringt einen studentischen Charakter besser zur Reife als eine beschauliche Diskussion über Adornos

Werk bei einem guten Glas Rotwein. Die Wissenschaft weiß heute außerdem, dass zu schnell aufgesogene Informationen nicht haften bleiben. Ich möchte nicht wissen, wie viele von den 25-jährigen Einser-Absolventen heute noch wissen, wer Adorno überhaupt war. Wahrscheinlich verwechseln die Adorno mit Andorra oder denken, es handelt sich um den neuen Geländewagen von Nissan. »Nissan Adorno« – klingt übrigens gar nicht schlecht. Vielleicht wäre das ja mal ein Produkt für den sportiven Jungakademiker. Der Gedanke, dass sich der Kapitalismuskritiker Adorno dabei wie ein rotierender Flugzeugpropeller im Grab herumdrehen würde, bereitet zusätzlich Freude.

Muße ist übrigens, siehe Slow Food, auch beim Kochen ganz entscheidend. Irgendein kluger Kopf hat mal behauptet, nicht Geld zu haben sei der wahre Luxus, sondern Zeit. Ich kann dem nur beipflichten. Sich für die Zubereitung eines Gerichts ein Stündchen Zeit zu nehmen ist eine wundervolle Sache. Dabei kann man herrlich abschalten.

Deswegen bin ich auch kein großer Freund von Kochsendungen. Irgendwie habe ich immer das Gefühl, es gehe hauptsächlich darum, etwas möglichst schnell zuzubereiten. In gewisser Weise wird dadurch eine der letzten Bastionen kontemplativer Entspannung versportlicht. Am extremsten passierte das im ›Kochduell‹, wo Leute um die Wette kochten. Erfreulicherweise gibt es diese Sendung seit einiger Zeit nicht mehr. Trotzdem sei an dieser Stelle eine klare Botschaft an alle gerichtet, die Hektik in unsere Küchen bringen wollen: Wir haben tatenlos zugesehen, wie ihr unsere Waldwege zu Joggingpfaden, unsere Blumenwiesen zu Mountainbiketrails und unsere Uferpromenaden zu Inlineskating-Versuchsstrecken gemacht habt. Wir haben uns nie beklagt, sind euch immer brav ausgewichen und haben uns auch noch für unsere Unsportlichkeit geschämt.

Wir haben euch praktisch die ganze Natur überlassen, aber jetzt lasst uns dafür wenigstens in unseren vier Wänden in Frieden.

Nicht, dass Sie mich falsch verstehen, Kochsendungen haben viele gute Ansätze und natürlich auch lobenswerte Ziele. Gemessen an der Vielzahl auf allen Kanälen finde ich den Breitenerfolg jedoch ziemlich deprimierend. Kochen ist eben eine emotionale Angelegenheit und nichts für den Kopf. Selbst der Dalai Lama sagte einmal: »Widme dich der Liebe und dem Kochen mit ganzem Herzen.« Damit wollte er sagen: »Man kann noch so viele Biolek-Sendungen auf DVD gespeichert haben, wenn die innere Einstellung zum Essen sich nicht ändert, hilft das wenig.«

Dazu kommt nach wie vor das Problem, gute Zutaten zu beschaffen. Ich rede hier nicht vom Viktualienmarkt in München, wo man fast alles kaufen kann, vorausgesetzt man lässt sich frühzeitig seine Lebensversicherung auszahlen.

Aber frischen Fisch in einer Kleinstadt unter 20 000 Einwohnern zu besorgen, ist in Deutschland immer noch nahezu unmöglich. Was nützt das schönste Rezept, wenn man die Zutaten nicht bekommt? Der erste große deutsche Koch, Eckart Witzigmann, hatte nach vielen leidvollen Erfahrungen am Ende seinen eigenen Kurierservice, der ihn mit Frischware aus dem Pariser Großmarkt belieferte. Einmal wurde der Kurierservice an der Grenze aufgehalten, weil die Zöllner beim Anblick von Bärlauch der festen Überzeugung waren, einem Drogentransport auf die Spur gekommen zu sein. Anschließend beobachteten sie den ominösen Kleinwagen mehrere Monate und schlugen in einer kalten Novembernacht zu. Ein Sondereinsatzkommando von zehn Mann stürmte mit Maschinenpistolen den Transporter und fand Austern, Hummer und Jakobsmuscheln. Das war 1973. Da hätte ich an Witzigmanns Stelle auch das Koksen angefangen – ehrlich. Die Zöllner sind indirekt schuld an seiner Drogenkarriere, weil sie ihn erst auf die Idee gebracht haben.

Obwohl sich seit den siebziger Jahren viel getan hat, können einen auch heute noch selbst einfachste Zutaten vor Probleme stellen. Kennen Sie »Frankfurter Grüne Sauce«? Nicht? Das ist aber schade! Das war nämlich Goethes Leibspeise und sollte also quasi deutsches Kulturgut sein. Die Frankfurter Grüne Sauce wird aus sieben frischen, heimischen Kräutern bereitet (Pimpernell, Sauerampfer, Kresse, Petersilie, Borretsch, Kerbel und Schnittlauch). Die werden fein geschnitten, mit saurer Sahne und/oder Mayonnaise, Gurkensaft, Zwiebeln und gehackten hart gekochten Eiern verrührt und mit Salz und Pfeffer gewürzt. Das Ganze isst man zu gekochtem Fleisch (Tafelspitz oder Ochsenbrust) oder einfach nur mit Kartoffeln. Schmeckt wirklich umwerfend, weil es mal was anderes ist als diese ständigen Basilikum-Pesto-Orgien rauf und runter. Wenn man es mit der Mayonnaise nicht übertreibt, ist diese Sauce sogar gesund.

So weit, so schön. Jetzt versuchen Sie einmal, die dafür erforderlichen Kräuter zu kaufen, wenn Sie nicht in Hessen leben! Kürzlich war ich in Berlin und ging mit Freunden, bei denen ich wohnte, über den Wochenmarkt am Kollwitzplatz. Ich wollte mich für ihre Gastfreundschaft bedanken und hatte angeboten, das Abendessen zu kochen. Natürlich wollte ich Frankfurter Grüne Sauce mit Tafelspitz machen. Der Tafelspitz war unproblematisch – aber die Grüne Sauce! Wir gingen über den Wochenmarkt am Boxhagener Platz, wir gingen über den Winterfeldmarkt, wir gingen über alle Wochenmärkte Berlins, hatten aber kein Glück. Ich kann kaum beschreiben, was mir unter dem Namen »Frankfurter Grüne Sauce« alles angeboten wurde. Das meiste davon war illegal.

Meine letzte Hoffnung war das KaDeWe. Inzwischen war es mir nämlich ziemlich egal, was die Kräuter kosten würden. Wenn man das Angebot dieses Kaufhauses beschreiben möchte, kann man es sich recht einfach machen – es gibt dort quasi alles. Legendär ist die Lebensmittelabteilung, in der man sich verlaufen könnte und das garantiert auch tut. Jeder, der dort schon einmal einkaufen war, hat sich gewünscht, übers Wochenende in dieser Lebensmittelabteilung eingeschlossen zu werden. Das wäre ein Brunch!

Die Obst- und Gemüseabteilung des KaDeWe hat unglaubliche Dinge im Angebot, die ich noch nie in meinem Leben gesehen hatte und im Zweifel gar nicht als Gemüse identifiziert hätte. Manches davon hätte ich eher an die Leine genommen und Gassi geführt. Zum Beispiel exotische Kürbisse, die aussahen wie sehr verbeulte Pekinesen. Es gab dort sogar Süßkartoffeln aus Timbuktu – nach der Kartoffel-Bauer-Intelligenz-Theorie (je dümmer der Bauer, desto dicker die Kartoffeln) sind die Leute dort sehr intelligent, lecken aber wahrscheinlich dennoch den Staub von ihren Tellern, weil ihre Kartoffeln leider im KaDeWe gelandet sind. Ich ging schnurstracks auf die Kräuterabteilung zu, die mir schon verheißungsvoll entgegenduftete.

Eine junge Frau in großer Schürze trat mir entgegen. Sie sah so gesund und frisch aus, als wäre sie eine Hobbit aus dem ›Herrn der Ringe‹.

Ich sah ihr tief in die Augen.

»Ich hätte gerne Kräuter für Frankfurter Grüne Sauce.«

Sie erwiderte meinen tiefen Blick.

»Wir haben weder Borretsch noch Sauerampfer noch Pimpernell.«

Das ist in etwa so, als ob man bei der Frankfurter Grünen Sauce das »Frankfurter«, das »Grün« oder das »Sauce« streicht.

Ich geriet in Rage.

»Wieso haben Sie das nicht – ist Ihnen das zu exotisch?«

»Nein, es wird nur zu selten verlangt.«

Meine Freunde hielten mich davon ab, diesem jungen, blühenden Leben ein jähes Ende zu bereiten. Ich wollte sie mit Süßkartoffeln aus Timbuktu steinigen oder zwingen, allen Bärlauch, der sich fast bis zur Decke stapelte, auf der Stelle aufzuessen. Meine Freunde führten mich rechts und links untergehakt davon.

Tafelspitz schmeckt auch mit Meerrettichsauce.

Italien kocht … auch nicht besser!

Dass die Beschaffung von heimischen Kräutern so schwierig ist, wundert kaum. Genauso wie die Deutschen ein Problem mit ihrem Nationalbewusstsein haben, haben sie auch ein Problem mit ihrer nationalen Küche. Gut, wir sind nun mal geschichtlich gesehen ein Land mit vielen regionalen Wurzeln, und deswegen wird sich eine eigenständige Nationalküche nie richtig entwickeln können. Trotzdem bedauere ich, dass deutsche Spezialitäten auf den Speisekarten unserer Restaurants so ein kümmerliches Dasein fristen beziehungsweise teilweise sogar vom Aussterben bedroht sind. Manchmal habe ich den Eindruck, dass die Gastronomen regelrecht Angst davor haben, deutsche Gerichte anzubieten. Das ist jammerschade, denn es geht hier nicht um Schnitzel mit Pommes und Tütensauce. Deutsches Essen bedeutet: Königsberger Klopse vom Kalb, Maultaschen, Rindsrouladen, Gurkensalat, Sauerkraut, Linsen mit Spätzle, Krustenschweinebraten, Grüne Sauce, Bienenstich, Schwarzwälder Kirschtorte oder Scholle »Finkenwerder Art«. Nicht zu vergessen unsere sensationellen Äpfel, Zwetschgen, Kirschen, Erdbeeren, Quitten, die daraus hergestellten Marmeladen und unser weltweit unschlagbares Vollkornbrot. Frischer deutscher Spargel mit zerlassener Sauerrahmbutter ist für mich die größte Köstlichkeit, die ich mir vorstellen kann. Wo immer ich deutsche Speisen in guter, hausgemachter Qualität zu essen bekomme, werde ich nie eine Pizzeria betreten.

Ich will die italienische Küche nicht schlechtmachen. In Italien schmeckt sie wunderbar. Aber was diese sogenannten Italiener (die ja oft Griechen sind) bei uns zusammenkochen, ist teilweise eine Unverschämtheit. Pizza mit Formvorderschinken, Dosenpaprika und Mozzakäse. Letzteres ist ein schlimmes Industrieprodukt, das wie zähe Silikonmasse schmeckt und übrigens auch so aussieht. Das Ganze wird auf der nach unten offenen Skala nur noch übertroffen von Makkaroni mit Tomaten-Sahnesauce und Dosenpilzen, was in Italien kein Mensch jemals essen würde. Dazu reichen sie Pinot-Grigio-Fusel und Parmesan aus der Tüte, der aussieht, als käme er aus dem Seifenspender einer Zugtoilette. Ich bin sicher, für ein solches Speisenangebot würde man einen Koch in Florenz öffentlich auspeitschen.

Auf gleichbleibende Qualität kann man sich eben bei den Italienern nicht verlassen, Pizzabrötchen gibt es zum Beispiel von weich bis steinhart. Ich habe das einmal reklamiert. Darauf sagte Trattoriachef Bruno: »Kannä nichtä sein, die machen wir so seitä hunderten anni.« Da meinte ich: »Sorry, diese Brötchen müssen noch älter gewesen sein.« Seither weiß ich, dass Italiener keine Kritik vertragen können.

Gut, das ist jetzt vielleicht ein bisschen übertrieben. Aber wenn wir mal ganz ehrlich sind: Es gibt keinen Grund, vor Italienern und ihren Kochkünsten auf die Knie zu fallen. Nudeln ins Wasser werfen kann jeder. Das Einzige, was die Italiener hier entschieden besser machen als wir Deutschen – sie holen sie rechtzeitig wieder raus.

Auch beim caffè ist längst nicht alles Gold, was glänzt. Ich habe mal bei Bruno einen Espresso bestellt, der war grauenhaft. Von dichter Crema, die den Zucker eine Weile hält, keine Spur, dafür ein pH-Wert von unter drei, irgendwo im Bereich von essigsaurer Tonerde. Clever, wie ich bin, habe ich aber nicht gesagt: »Sorry, mir schmeckt der Kaffee nicht«, sondern gefragt: »Sag mal Bruno, hast du gar keinen Nationalstolz?« Das hat gewirkt! An den Nationalstolz eines Menschen kann man am besten appellieren, wenn der Betreffende sich im Ausland aufhält. Daheim in der Toskana wäre Bruno eine solche Bemerkung schnurzegal gewesen, weil sie ohnehin keiner verstanden hätte (mal abgesehen davon hätte er sich seiner Heimat sowieso nicht getraut, so etwas Abscheuliches zu kredenzen). In der Frankfurter Altstadt war ihm das hingegen sichtlich peinlich. Er roch kurz an dem Espresso, knallte dem Hilfskellner, der mit dem Espresso überhaupt nichts zu tun hatte, eine runter und kam dann mit der Grappaflasche an, die wir in schöner Eintracht zusammen geleert haben. Was es an dem Abend bei Bruno zu essen gab, kann ich Ihnen deshalb nicht mehr sagen.

Wenn also die italienische Küche in Deutschland so maßlos überschätzt ist, warum rennen wir trotzdem in Scharen hin? Der Grund ist, weil wir das mediterrane Flair so lieben. Wenn der Padrone uns im Restaurant begrüßt mit »Ciao, come stai, du bischtää meinää Freund«, fühlen wir uns geborgen. Dazu fuchtelt er wild in der Gegend rum, was wir als »Emotionalität« missverstehen. Wenn ich die Gastwirte so rumzucken sehe, denke ich oft, Italienisch ist eigentlich gar keine richtige Sprache, sondern eine Art Gebärdensprache mit begleitenden Lautmalereien.

Wir wären eben auch gerne mal so wie die Italiener: charmant, einlullend und dabei auf den eigenen Vorteil bedacht. Aber wir haben es einfach nicht drauf. Alles, was wir können, ist, jedes Jahr verbissen bei der Steuererklärung ein bisschen zu bescheißen – und wenn es nur dreißig Kilometer mit dem Auto sind, die wir zusätzlich angeben. Wir sind vermutlich die einzige Nation, die von sich in der dritten Person spricht. Kennen Sie das? Wenn Deutsche im Fernsehen über »die Deutschen« reden oder wenn es bei der Fußballweltmeisterschaft sogar im größten Freudentaumel hieß: »Die deutsche Mannschaft hat das Spiel noch gedreht.« Niemand hält so sehr emotionale Distanz zu sich selbst wie wir. Da gab es am Rande der WM sogar Diskussionen, ob die fähnchenschwingenden Fans rechtsradikal seien oder nicht. Und deshalb haben die Italiener das Halbfinale auch gewonnen.

Ich glaube, viele Deutsche haben gegenüber den Italienern eine Art Unterlegenheitskomplex. Die meisten von uns glauben tatsächlich, die Italiener sähen besser aus, hätten die schöneren Klamotten, würden trockeneren Wein trinken. Aber ich sage mir immer, wir können uns doch nicht ernsthaft für ein Volk begeistern, das seine Wäsche zum Trocknen über Hauptverkehrsstraßen aufhängt. Wenn ich von den Toskanaliebhabern höre: »In Italien ist das Leben so leicht und locker«, dann weiß ich gar nicht, wo die Urlaub machen: im Fruchtquark oder wo?

Das Einzige, was die Italiener wirklich locker nehmen, ist die Beförderung einer Postkarte nach Deutschland. Also, wenn ich im Sommerurlaub in Italien bin und meinen Eltern eine Postkarte schicke, schreibe ich gleich unten noch prophylaktisch mit drauf: »Frohe Weihnachten«.

Am schlimmsten jedoch sind die Italophilen. Diese vielen, vielen Italophilen. Diese Leute, die ihre dürftigen Volkshochschul-Italienischkenntnisse mit Vorliebe in der Pizzeria am Kellner ausprobieren. Wenn Sie mit so jemandem unterwegs sind, dann können Sie in einem italienischen Ristorante nicht einfach »Gnocchi« bestellen. Sofort werden Sie belehrt, das heiße nicht »Gnocchi«, sondern »NNNNiocki«. Ebenso wenig auszuhalten ist es, wenn man von einem Italophilen nach Hause zum Essen eingeladen wird. Tomaten und Mozzarella – bis es einem zu den Ohren rauskommt. Und obendrauf liegen so viele frische Basilikumblätter, dass man sich vorkommt wie ein Kaninchen mit falschem Futter.

Manchmal ist mir völlige Unkenntnis der Sprache und der Kultur echt lieber. Vor einiger Zeit haben mich meine Eltern zum Italiener eingeladen. Mein Vater schlug die erste Seite mit »Insalata« auf und fing sofort an, sich aufzuregen. »Warum heißt das ›in‹? Wir sagen doch auch nicht Injägerschnitzel?« Meine Mutter antwortete, es heiße Insalata, weil Salat gerade ›in‹ sei. Sie überlegte kurz, was sie da gesagt hatte, und meinte weiter: »Oder vielleicht auch, weil in dem Salat irgendwas ›drin‹ ist. Irgendetwas, was da nicht reingehört – ›mista‹ zum Beispiel.« Mein Vater nahm dann »Penne all'Arrabiata«, was ich ihm übersetzte mit »Schule für schwer erziehbare Kinder«. Meine Mutter nahm »Vermicelli alla Puttanesca« – was wörtlich übersetzt heißt: Würmer auf Hurenart! Aber das habe ich ihr dann doch lieber verschwiegen.

Natürlich will ich die Italiener nicht völlig niedermachen. Sie müssen nach dem Pizzeriamord in Duisburg ohnehin genug ertragen, weil viele inzwischen meinen, alle italienischen Gastronomen seien untergetauchte Mafiosi, die nach dem Pizzabacken schnell mal eine kriminelle Handlung begehen. Womit ich übrigens nicht das Erstellen einer handgeschriebenen und damit steuerfreien Rechnung meine. In Duisburg sollen tatsächlich große Teile der Pizzeriaszene in Mafiahand sein. Das hat mich total erschüttert, doch es passt irgendwie zu Duisburg. Trotzdem kann ich mir nicht recht vorstellen, dass ein Kellner, der einen gerade noch freundlich bedient hat, zwei Stunden später schon einen Auftragsmord durchführt, nur weil er nicht genügend Trinkgeld bekommen hat. Aber diesbezüglich haben wir wohl ein zu romantisches Bild von Italien, denn die entsprechenden Jungs sind ziemlich kompromisslos. Wenn zum Beispiel eine Familie ein Mitglied einer verfeindeten Familie kidnappt, verlangt man als Lebenszeichen schon mal einen Finger des Entführten. Wenn die Sippe ihn gar nicht wiederhaben will, ab zu auch mal einen größeren Beweis. Dass diese Menschen streng katholisch sind, betrübt mich dabei besonders. Wobei: Eigentlich knüpfen sie damit nahtlos an das dunkle Kapitel der Inquisition an.

Aber so sind ja zum Glück nicht alle, und die italienische Gastronomie in Deutschland hat auch ihre guten Seiten. Was ich zum Beispiel uneingeschränkt toll finde, sind die Desserts. Panna Cotta, Tiramisu, da könnte ich mich reinsetzen. Nur wird mir das regelmäßig verleidet, wenn ich mit einer Frau beim Essen bin. Frauen bestellen sich nie selbst ein Dessert. Sie sagen immer nur: »Ich probier mal bei dir.« Dieser Satz ist gefährlich, weil »Ich probier mal« in Wahrheit bedeutet: »Sobald der Teller auf dem Tisch steht, esse ich alles ratzeputz auf.« Wenn Sie als Mann also ein Dessert bestellen, müssen Sie das gut bewachen, weil Sie gar nicht so schnell essen können, wie Frauen probieren. Ich habe mich lange gefragt, warum Frauen sich nicht *selbst* mal ein Dessert bestellen. Jetzt weiß ich es: Frauen glauben, wenn sie dieselbe Menge Nahrung von einem *anderen* Teller essen, hätte es weniger Kalorien.

Weinkenner unter sich

Dass Frauen häufig nur probieren wollen, liegt natürlich auch daran, dass sie viele Köstlichkeiten aufgrund jahrzehntelanger Diätbemühungen gar nicht erst kennengelernt haben. Generell ist unser Verhältnis zum Essen von Unkenntnis geprägt. Das gilt leider auch für den Bereich »Getränke«. Zwar entwickelt sich hierzulande langsam so etwas wie eine Weinkultur, doch geht dieser Trend an den Jüngeren völlig vorbei. Alkopops und Komasaufen nähren nicht gerade die Hoffnung, dass diese Generation sich einmal für Trockenbeerenauslesen aus dem Rheingau begeistern wird. Aber vielleicht wächst sich das noch aus.

In meiner Jugend war ich auch nicht anders, und wenn ich ehrlich bin, gibt es heute noch Situationen, wo ich mich mal richtig primitiv zuballern muss. Nachdem mich zum Beispiel meine Frau verlassen hatte und sich abzeichnete, dass ich wohl länger allein bleiben würde, habe ich angefangen, ziemlich viel zu trinken. Sie kennen ja den alten Witz, dass es zwei Gründe gibt, warum Männer mit dem Trinken anfangen: Entweder sie haben keine Frau oder sie haben eine. Und ich sage Ihnen, da ist was dran! Ich habe alles gesoffen: Whisky, Cognac, Brandy, manchmal war es so schlimm, dass ich morgens mit meinem Atem den Lack am Auto abhauchen konnte. Es ist auch keine Seltenheit, dass verlassene Männer anfangen, Drogen zu nehmen. In Berlin hat mal ein alter Mann die Asche seiner verstorbenen Frau mit Marihuana gemischt und geraucht. Danach meinte er, so habe er zum ersten Mal ein gutes Gefühl mit ihr gehabt.

Aber zurück zu den Getränken. Heute bin ich übers Gröbste weg und trinke nur noch Wein. Wein können Sie trinken, so viel Sie wollen, man gilt nie als Säufer, sondern als Kenner. Und je mehr man säuft, umso besser kennt man sich aus. Kein anderes Getränk bietet diese Symbiose aus Alkoholismus und hohem sozialem Prestige.

Bei aller Wertschätzung stört mich doch der Weinsnobismus, der sich bei uns breitgemacht hat. Seit rund zehn Jahren hat das deutsche Bürgertum den Wein als Alltagsgetränk entdeckt und muss jetzt ein Riesentheater drumherum veranstalten – statt ihn einfach nur in Ruhe mit guten Freunden zu genießen. Einmal habe ich mir im Weinhandel eine Flasche Bordeaux ausgesucht und nur so nebenbei gefragt: »Wie schmeckt der?« Das hätte ich besser bleiben lassen.

Der Weinverkäufer richtete seinen Blick genießerisch gen Decke. »Tja, opulent texturiert, gut eingebundenes Tannin, was den Wein trotz ausgeprägter Barriquenote im hinteren Gaumensegment aufs Angenehmste adstringieren lässt.«

»Aha«, meinte ich, »also kann man sagen: Der schmeckt gut.«

Der Verkäufer sah mich fassungslos an. So war sein Bordeaux noch nie beleidigt worden. Schmeckt gut! Skandalös!

Generell sind mir aber Leute, die Wein trinken, lieber als die, die Jägermeister schlürfen, und deswegen habe ich beschlossen, mal ein Weinseminar zu besuchen. Das hatte ich schon lange vor. Das Seminar trug den schönen Titel: »Wein richtig trinken lernen«. Wein trinken geht ja nicht, wie viele das machen: »Reinschütten, kippen, rülpsen!« Das Weintrinken muss man richtig zelebrieren, den Wein langsam einschenken, schwenken, riechen, den Gaumen benetzen, zum Schluss alles ausspucken und sagen: »Anklänge von Waldboden.«

Ich bin also da hingegangen, zur Degustation großer Lagen. Der Snobismus der Teilnehmer hat mir allerdings erst mal die Sprache verschlagen. Dort waren nur gut situierte Männer zwischen fünfzig und sechzig zugegen. Alle mit dicken Autos vor der Tür, kurz: die gleiche Truppe wie im Wellnesscenter – nur hatten sie diesmal ihre Chanel-Tussis zu Hause gelassen. Hier waren die Männer einmal unter sich. Es hat ja wenig Zweck, mit dem neuen Wein daheim anzugeben, wenn die Gattin schon bei der Verkostung dabei war und am Ende mehr weiß als man(n) selbst.

Als junger Spund wird man natürlich erst einmal von den anwesenden Silberlocken abgecheckt, ob man überhaupt etwas von Wein versteht.

Gleich laberte mich so einer an: »Ich habe kürzlich einen 86er Chateau Latour aufgemacht, superbe Frucht, schönes Säurespiel, halt noch sehr verschlossen.«

Darauf ich: »Joooo. Ich hatte kürzlich eine 99er Bluna, auch fruchtig, halt leider etwas kurz im Abgang.«

Dann fing die Weinprobe an. Man sitzt an einem großen Tisch, zwischen Rechtsanwälten und Spucknapfen. Weinkenner erkennt man wie gesagt daran, dass sie den Wein nicht trinken, sondern ausspucken. Für Frauen ist das wichtig zu wissen. Wenn Ihr Mann vornübergebeugt über der Kloschüssel hängt, dann ist dem nicht schlecht, sondern er genießt nur seinen Wein. Das mit dem Ausspucken hatte natürlich auch noch andere Gründe. Die Damen waren nicht dabei – also mussten die Herren selber nach Hause fahren.

Als Erstes sollten wir den Geruchssinn schulen. Wir sollten am Wein riechen und beschreiben, was wir riechen. Und dann wurde es relativ schnell sehr absurd.

Was da für Antworten kamen! Frühlingswiese, Schweiß, Litschi, sterbender Mischwald, feuchtes Leder, nasser Hund. Einer meinte: animalische Noten von streunendem Wildschwein im Septembernebel. Dann wurde ich gefragt: »Herr Bauer, wonach riecht der Wein Ihrer Meinung nach?« Und ich, ohne nachzudenken: »Türschlossenteiser«. Eine halbe Stunde später saß ich im Anfängerkurs für Jägermeister.

Geiz ist nicht geil

Ich habe bereits dargelegt, dass es einen Zusammenhang zwischen calvinistischem Denken, Sport- und Fitnesswahn sowie Genussfeindlichkeit gibt. In dem dänischen Film ›Babettes Fest‹ kommt dies besonders schön und in traumhaften Bildern zum Ausdruck. Babette, eine Französin, die Ende des 19. Jahrhunderts vor den Wirren des französischen Bürgerkriegs geflohen und in ein lutheranisch-sektiererisches dänisches Dorf gekommen ist, hat nach vielen Jahren plötzlich Geld gewonnen und gibt es einzig dafür aus, die Bewohner zu einem fulminanten Dinner einzuladen. Die glauben zuerst, es mit reinem Teufelswerk zu tun zu haben und wollen sich verweigern: »Wir werden es essen, aber nicht schmecken« – was ihnen im Zuge des schönen Festes Gott sei Dank nicht gelingt. Am Ende geht es allen besser, das wunderbare Essen hat die Menschen verändert. Und das stimmt ja auch.

Wer einmal fangfrischen Lachs gegessen hat, wird den Mist im Kühlregal nicht mehr anrühren. Wer weiß, wie frisch zubereitete Muscheln schmecken, wird sich für die Dosenvariante nicht mehr interessieren. Dieser Film widerspricht damit fundamental einer Mentalität, die sich immer mehr bei uns breitmacht, und die ein Elektrogroßhändler fünf Jahre lang zu seinem Slogan gemacht hat: Geiz ist geil! Der Slogan stimmt hinten und vorne nicht, denn zum einen ist Geiz völlig zu Recht eine Todsünde, und zum anderen kenne ich niemanden, der Geiz wirklich sexy findet – von geil mal gar nicht zu reden.

Der Slogan ist also eine doppelte Lüge und die Urheber sollten dringend zur Beichte gehen.

Nun habe ich als Schwabe grundsätzlich nichts gegen Geiz, als Katholik aber schon. Deswegen gibt es relativ wenige schwäbische Katholiken – die Schwaben kommen mit der katholischen Großzügigkeit nicht klar. Wenn man beides ist, Schwabe und Katholik, hat man zwei Seelen in seiner Brust. Ich bin deshalb aus Schwaben weggezogen – in eine katholische Stadt und fühle mich seither wohl und unter meinesgleichen.

Am deutlichsten zeigt sich diese Geiz-Mentalität leider beim Essen. Schauen Sie mal im Supermarkt, was die Leute so in ihren Einkaufswagen packen – da kommt Ihnen das kalte Grausen.

In den Billigdiscountern stehen die Menschen in langen Schlangen vor der Kasse mit Unmengen minderwertiger Lebensmittel. In den Wägen stapeln sich Dosen, dass man denken könnte, sie hätten eine ganze Armee von Haustieren daheim. Bis man sieht, dass es Fertigsuppen und Eintöpfe sind. Nichts gegen Dosen generell, aber beim Anblick dessen, was aus einer Dose herausflutscht, fällt mir frei nach Sepp Herberger ein: vor dem Essen ist nach Essen. Das einzige Dosenprodukt, das erlaubt sein sollte, sind Dosentomaten.

Das schlimmste Fertigprodukt ist meiner Meinung nach Kartoffelpüree aus der Tute. Wenn ich mir überlege, wie aus diesen fahlweißen Flöckchen durch Zugabe von Wasser ein tiefgelber Brei entsteht, wird mir angst und bang. Das kann Gott unmöglich gewollt haben. Immerhin hat er uns aufgetragen: »Du sollst kein falsches Zeugnis geben wider deinen Nächsten« – und dazu gehört natürlich, dass ein Kartoffelpüree aus Kartoffeln gemacht wird und nicht aus etwas Undefinierbarem, das aussieht wie Schuppen einer schwer heilbaren Hautkrankheit. Diese Fertiggerichte stecken voller fieser verborgener Fette, damit sie überhaupt genießbar sind, sind übersalzen und strotzen vor Konservierungsmitteln. Hier wird eine ganze Generation sturmreif für den Big Mac geschossen.

Per se ist nichts dagegen zu sagen, Nahrungsmittel zu konservieren. Schon früher haben die Menschen Fische eingesalzen und Körner in Amphoren luftdicht verschlossen. Aber seitdem Essen täglich verfügbar ist, ist »Haltbarkeit« doch so ziemlich die unwichtigste Eigenschaft, die ein Nahrungsmittel haben kann. Sie dient hauptsächlich dazu, der Nahrungsmittelindustrie die Probleme bei der Lagerung vom Hals zu halten. Wenn man sich die Skandale um das Gammelfleisch noch einmal vor Augen führt, zielt die Konservierung für den Konsumenten ja auch eher in eine andere Richtung. Sie ist eher als Beruhigungsmittel gedacht, im Sinne von: »Du kannst das alte, eklige Zeug ruhig essen, dir passiert nix.« Amüsant finde ich in diesem Zusammenhang, dass manche Diät-Freaks immer noch der Meinung sind, rotes Fleisch sei ungesund. Von grünem Fleisch redet keiner. Generell sollte man von Lebensmitteln mit Konservierungsstoffen sowieso die Finger lassen. Nicht nur wegen der Chemikalien – die Vorstellung, dass eine Maraschinokirsche länger leben wird als man selbst, ist einfach bizarr.

Beim Erwerb von Lebensmitteln spaltet sich unsere Gesellschaft in zwei ungleiche Lager. Das größere, das bei Billigdiscountern kauft, obwohl die Leute es oft gar nicht nötig hätten, und das kleinere, das nur im Bio-Fachgeschäft vorstellig wird und jede verschrumpelte Möhre wie ein Heiligtum behandelt, wodurch das Ganze ins Protestantisch-Sektiererische umschlägt. Bei einem Bio-Discounter musste ich kürzlich miterleben, wie eine Auszubildende in der Pause keinen fair gehandelten Kaffee aus dem Automaten bekam, weil sich ihre Kolleginnen nicht einigen konnten, ob es ökologischer ist, einen Pappbecher aus

Recyclingpapier zu nehmen oder eine Porzellantasse, die man anschließend spülen muss. Als ich ging, weinte das Mädchen.

Bei meinem nächsten Besuch wollte ich nur einen Bund frischen Dill erwerben und lief schnell zum Kräuterstand. Auf dem Weg zur Kasse stellte sich mir eine Verkäuferin in den Weg und wedelte mit einem Einkaufskorb unter meiner Nase herum.

»Sie müssen den Korb nehmen.«

Ich schaute sie ungläubig an, versuchte es aber zuerst im Guten.

»Das ist nett, aber ich brauche nur den Dill hier.«

»Sie müssen den Korb nehmen.« Sie sah mich streng und biologisch an.

»Warum denn?«, fragte ich genervt. Schließlich schmorte etwas auf meinem Herd zu Hause und ich wollte schnell zurück.

»Anweisung von ganz oben«, wisperte sie geheimnisvoll.

»Ach was? Gott will, dass ich ein Körbchen nehme? Das glaube ich kaum.«

»Wenn das jeder so machen würde!«

»Dann bräuchten Sie keine Plastikkörbchen mehr anzuschaffen und der Umwelt wäre geholfen«, erwiderte ich streng. Ich führte dann noch aus, dass bei der Entsorgung von Plastikkörben gefährliche Trietylstyrolacetate und andere hydrierte Benzolchloride entstehen können (ob es diese Stoffe überhaupt gibt, weiß ich natürlich nicht, sie klingen auf jeden Fall gefährlich), und ob sie denn tatsächlich wolle, dass noch mehr Kinder an Leukämie erkranken. Aber da hörte sie mir schon nicht mehr zu.

So sympathisch mir die Ökobewegung ist, manchmal schlägt sie einfach über die Stränge – wie das bei Sekten nun mal passieren kann. Ein alter Schulfreund von mir ist auch in diese Kreise hineingeraten, unverschuldet. Die treibende Kraft war seine Partnerin. Mit ihr hat er sich vor einigen Jahren einen Bauernhof gekauft, seither versorgen sie sich komplett selbst. Dort gibt es nichts Überflüssiges, alles, was nicht Haus ist, muss man essen können. Beispielsweise haben sie eine Gartenhecke aus Brokkoli. Und die ganze Energie im Haus stammt aus Biogas. Das fand ich ziemlich gewöhnungsbedürftig. Allein diese Vorstellung: die erwärmen Milch mit Kuhfürzen. Bei normal aufgewärmter Milch geht das ja noch, aber die Assoziation bei aufgeschäumter Milch ...

Als sie dann heirateten, wurde es ganz schlimm. Die beiden bestanden darauf, nach der standesamtlichen Trauung mit ungeschältem Vollkornreis beworfen zu werden. Mir war das dann zu blöd, ich habe einfach mit Tofuwürfeln geschmissen.

Trotz alledem befürworte ich den aktuellen Biotrend im Großen und Ganzen natürlich. Gegen unvergiftetes Gemüse kann niemand etwas sagen – außer vielleicht, dass durch die weiter steigende Lebenserwartung langfristig unser Rentenversicherungssystem noch stärker belastet wird. Eine ökologische Tierhaltung, bei der weder gefoltert noch gemästet wird, findet natürlich ebenfalls meine volle Zustimmung, außerdem schmeckt das Fleisch einfach besser. Ökologisch-organisches Essen hat also im Prinzip nur Vorteile. Mal abgesehen davon gibt es uns das gute Gefühl, im Einklang mit der Natur zu leben. Wir haben einfach einen engeren Gottesbezug, wenn der menschliche Körper nach dem Tod voll kompostierbar ist.

Bionahrung hat allerdings den großen Nachteil, dass sie mitunter ziemlich teuer ist. Einmal ging ich gut gelaunt in einen Biomarkt und nahm, ohne weiter auf den Preis zu achten, zwei Biohühner mit. Nach dem Einscannen leuchtete auf dem Kassendisplay eine erstaunliche Zahl auf: 42,32. Ich konnte mir die Frage nicht verkneifen, ob sich ein Päckchen Heroin in der

Bauchhöhle des Tieres befinde, was leider verneint wurde. Aber ich muss zugeben, die beiden Vögel schmeckten sensationell. Man kann ja dafür an anderer Stelle sparen und zum Beispiel den Mann von der GEZ einfach nicht in seine Wohnung lassen.

Wir können in Deutschland eigentlich noch ganz zufrieden sein, denn in anderen Ländern muss man finanziell bluten und bekommt nicht einmal etwas dafür.

Skurrile Schnittmenge zwischen schlechtem Essen und Luxuspreisen ist Großbritannien. Wenn man dort in ein gutes Restaurant gehen möchte, sollte man vorher der Oma ihr klein' Häuschen verkauft haben. Oder man versucht zu sparen und sucht den nächsten Pub auf – dann allerdings könnte es Ihnen so ergehen wie mir vor drei Jahren. Wir bestellten »Spaghetti with lamb balls« – Nudeln mit Lammbällchen. Da es viele Schafe in der Gegend gab, hielten wir das für eine kluge Entscheidung. Die Nudeln wiesen einen durchschnittlichen Durchmesser von einem Zentimeter auf und hätten sogar meiner Großmutter zur Ehre gereicht. Sie waren schneeweiß und so weich, dass man sie durch die Schneidezähne einsaugen konnte. Die Lammbällchen waren außen entsetzlich heiß und innen eiskalt, sie waren aus der Tiefkühltruhe direkt in die Mikrowelle befördert worden. Von Planeten wird berichtet, dass sie derartige Temperaturunterschiede nicht aushalten und in einer Art Supernova explodieren. Ehrlich gesagt, hätte ich das als gerechte Strafe für den Koch empfunden, aber leider blieb das aus und deswegen existiert der Pub vermutlich bis heute. Dieses Erlebnis war der absolute Tiefpunkt meiner kulinarischen Erfahrungen, und ich behaupte heute noch, dass hier zum ersten Mal das Scheitern meiner Ehe offensichtlich wurde. Es war nämlich das einzige Mal, dass mich meine Frau zum Essen einlud.

Die Wertschätzung, die sie mir damit entgegenbrachte, konnte nur bedeuten, dass der Neue damals schon in den Startlöchern saß.

Bemerkenswert an diesem Englandaufenthalt war neben der großartigen Natur die Vielzahl dickbäuchiger Engländer. Als ich in Dover auf die Fähre stieg, murmelte ich: »Geschieht ihnen recht«, und sah mich in meiner These bestätigt, dass die grassierende Fettleibigkeit in angelsächsischen Ländern eine unmittelbare Folge ihres schlechten Essens ist.

Gerade bei Engländern ist das schwer zu verstehen. Durch die Kolonialisierung der halben Welt hätten sie eigentlich die besten Zutaten nach Hause schaffen können. Aber das Einzige, wofür sie sich wirklich interessierten, war der Tee, ein Getränk, das eher der Kontemplation als der Gaumenfreude dient. Nicht einmal die abertausend Gewürze des besetzten Indien haben es geschafft, in der englischen Nationalküche Fuß zu fassen und Baked Beans mit labbrigem Toastbrot und Fettwürstchen Paroli zu bieten. Vermutlich ist den Franzosen heute noch nicht klar, warum sie gegen die Engländer im Spätmittelalter den Hundertjährigen Krieg geführt haben. Denn hätten sie die Insel tatsächlich erobert, wären sie nach wenigen Monaten bestimmt wieder aufs Festland zurückgekehrt und hätten sich gefragt, wie man es nur schaffen kann, ein Cordon bleu ständig in ein Cordon noir zu verwandeln.

Es tut mir sehr weh, diese Zeilen zu schreiben, denn die Engländer sind ausgesprochen liebenswerte Menschen. Solch eine Gastfreundschaft findet man selten auf der Welt. Nur was nützt das, wenn man am Ende des Dinners dem Gastgeber sagen muss: »Ihr Essen hinterlässt eine bleibende Erinnerung in meiner Magenschleimhaut.«

Schwimmen für Anfänger

Ich bin mir vollkommen darüber im Klaren, dass ich nicht mehr nach Großbritannien einreisen darf, sollte dieses Buch jemals ins Englische übersetzt werden. Aber das muss ich in Kauf nehmen. Als Ausgleich winkt ja eine Ehrenbürgerschaft im Vatikanstaat.

Meine Vorstellungen von Sportenthaltsamkeit und gutem Essen stellen auch nur das anzustrebende Ziel dar, insofern gibt es für England ja noch Hoffnung. Auf dem Weg zu diesem Ziel muss und darf man immer wieder sündigen – allein schon um regelmäßig die Absolution zu erbitten. Ich will auch nicht leugnen, dass es bei jedem Phasen gibt, in denen das Fleisch schwach wird und man alle guten Vorsätze über Bord wirft. Es sind Zeiten, in denen man mental sehr schlecht drauf ist und einem alles egal wird. Für mich galt das beispielsweise in den ersten Monaten, nachdem mich meine Frau verlassen hatte. Da habe ich stundenlang ferngesehen, allerlei Müll in mich hineingestopft und alles gesoffen, was die Regale der Discounter hergaben. Ich wurde in dieser Zeit immer dümmer und dicker. Kurzfristig war ich so dick, dass das Wasser in der Toilette hochging, wenn ich in die Badewanne stieg. Meine Fettleibigkeit war damals aber auch so gewollt. Meine Frau wollte immer, dass ich dünn bin, und auf diese Weise habe ich mich an ihr gerächt.

Meine Fernsehsucht machte mir ebenfalls viel Kummer. Ich weiß nicht, wie viele Rateshows ich in dieser Zeit angeschaut habe, aber die Zahl liegt sicher im vierstelligen Bereich. Ich war auch kaum ansprechbar. Wenn mich Leute gefragt haben: »Wie geht's?«, habe ich geantwortet: »Puuuh, da muss ich jemanden anrufen.«

Mir war das irrsinnig peinlich, zu einem Vernunftmenschen wie mir passte das eigentlich gar nicht. Trotzdem hab ich mir in dieser Zeit einen Riesenfernseher angeschafft, um mich ganz dem medialen Super-GAU hinzugeben. Meine ehemaligen Kommilitonen aus dem Philosophiestudium haben mich gefragt: »Sag mal, hattest du früher nicht so einen kleinen Minifernseher?« Ich antwortete: »Nee, das ist noch immer derselbe, aber seit Zigarettenwerbung verboten ist, hat er fünfzig Kilo zugenommen.« Und das Schöne ist, jemand, der Philosophie studiert hat, glaubt das auch.

Zum seelischen Schmerz über meine zerbrochene Ehe kam entsetzlicher Frust, weil ich aufgrund meiner Schüchternheit Probleme habe, jemanden kennenzulernen. Einmal saß mir im Zug eine total hübsche Frau gegenüber und ich überlegte mir die ganze Zeit, wie ich sie ansprechen könnte. Das Einzige, was mir nach zwei Stunden einfiel, war: »Entschuldigung – fahren Sie auch mit diesem Zug?«

Wenn umgekehrt mich mal eine Frau anspricht, gefällt sie mir meistens nicht. Neulich saß ich in Berlin in der S-Bahn auf einer Zeitung. Plötzlich kam eine furchtbare Tussi auf mich zu, deutete auf die Zeitung und fragte: »Lesen Sie die gerade?«

Da bin ich aufgestanden, habe die Zeitung umgeblättert, mich wieder daraufgesetzt und gesagt: »Ja.«

Ein Freund gab mir den Tipp, einfach mal einen Tag mit der Berliner Ringbahn zu fahren. Das sei eine psychische Grenzerfahrung, auf der Fahrt über den äußeren Ring gäbe es absolut nichts zu sehen und das, so oft man wolle – man käme mit der

Ringbahn ja nie an. Da könne man sich ganz auf die anwesenden Frauen konzentrieren und sein Glück versuchen. Tatsächlich nahm dann eine ganz Hübsche mir gegenüber Platz. Ich brauchte allerdings eine geschlagene halbe Stunde, bis ich den Mut hatte, sie anzusprechen.

»Woher kommen Sie denn?«

Sie sah mich mürrisch an: »Vom Mond.«

Leider gelingt es mir nie, aus meinen Mechanismen auszubrechen. Das läuft einfach automatisch.

Ich also: »Darf ich Sie nach Hause bringen?«

Gott sei Dank haben mir meine Freunde Vera und Jens die Augen geöffnet, was für ein Leben ich führte. Gut, es war irgendwie geregelt: Ausschlafen, frühstücken, wieder ins Bett, mittagessen, Nachmittagsschläfchen, Ringbahn fahren, Abendessen und dann fernsehen, bis der Arzt kommt. Aber trotzdem, das war ja nicht ich.

Die beiden haben mich vor den Badezimmerspiegel gestellt und versucht, mich auf die Waage zu hieven, die meine Exfrau freundlicherweise zurückgelassen hatte. Es gelang mir zwar, mich mit zwei Fingern am Heizkörper abzustützen, dennoch schlug die Nadel in einer Weise aus, die bei einer Radioaktivitätsprüfung für blinde Panik unter den Anwesenden gesorgt hätte. Danach wurden zwei Beschlüsse gefasst – Vera würde meine Nahrungsaufnahme kontrollieren und Jens mit mir Sport machen. Da mir ohnehin alles egal war, habe ich nicht groß widersprochen.

Wir diskutierten alle möglichen Sportarten. Nordic Walking wurde verworfen, weil ich Jens versprach, ihm mit meinen Stöcken bei der ersten Gelegenheit in den Hintern zu stechen. Ich gebe zu, noch mehr Angst hätte ich ihm einjagen können, wenn ich gedroht hätte, ihm die Augen auszustechen. Aber dafür hätte ich ihn erst überholen müssen. Außerdem wollte ich mich nicht alle fünf Meter fragen lassen, ob ich meine Skier vergessen hätte. Fahrradfahren war auch nicht so mein Ding. Und Joggen schied aus den anfangs genannten Gründen sowieso aus. Spazieren gehen hätte mir zugesagt, aber das war Jens zu unsportlich.

Schließlich kamen wir auf Schwimmen. Wie ich schon ausführte, mach ich mir außer in Whirlpools nicht besonders viel aus Wasser, schon gar nicht aus dem in öffentlichen Badeanstalten. Das liegt wahrscheinlich daran, dass ich vor vielen Jahren in der ›Bildzeitung‹ mal einen Bericht über die hygienischen Zustände in unseren Bädern gelesen habe. Ich will das im Detail nicht wiederholen, nur so viel: Im städtischen Schwimmbad meines Wohnorts wurde mal eine Wasserprobe entnommen und an ein Labor geschickt. Das Ergebnis lautete: »Das Pferd muss sofort eingeschläfert werden.«

Da mir die ganze Diskussion aber mittlerweile auf die Nerven ging, ließ ich mich von Jens in ein funkelnagelneues Hallenbad mit Fünfzigmeterbahn schleppen. Dabei musste ich mich auch noch nach seinem Terminkalender richten. Jens arbeitet als Screendesigner, und ich hatte immer angenommen, dass er seine Screens designen kann, wann immer er möchte. Aber weit gefehlt. Er arbeitet bei so einer Internetfirma, die auf dem Neuen Markt groß geworden ist – mit dem Unterschied, dass es seine Firma heute noch gibt. Das ist einerseits gut, andererseits müssen alle malochen wie die Bekloppten. In Jens' Firma putzen die Mitarbeiter inzwischen sogar ihre Büros selber, weil sie einen sauberen Schlafplatz haben wollen. Vera weiß bis heute nicht, wo Jens überhaupt wohnt, aber lassen wir das.

Jedenfalls hatte Jens für unseren ersten gemeinsamen Schwimmbadversuch nur frühmorgens Zeit, was bei mir schon für die entsprechende Laune sorgte. Diese verschlechterte sich noch, als ich sah, wie viele Leute dort außer uns waren. Unter der Dusche mussten wir uns sogar anstellen. Von frühmorgendlicher Ruhe keine Spur. Wer sich erst umständlich nach seinem Shampoo bückte, wurde böse angezischt. Dann ging es in die Schwimmhalle. Die Menschenmenge war undurchdringlich und man konnte definitiv nichts sehen. Dass wir am Beckenrand angelangt waren, bemerkte ich erst, als ich den Boden unter den Füßen verlor und ins Wasser plumpste. Dort konnte ich mich gerade noch am Beckenrand festklammern, so stark war der Sog der davonschwimmenden Leiber. Als ich Jens wegen stürmischer See nach der Wettervorhersage für den Tag fragte, sah er mich verständnislos an. »Stephan, du musst schon loslassen, sonst können wir nicht schwimmen.« Ich sah das überhaupt nicht ein. Der Beckenrand schien mir der einzig verlässliche Ort.

Ich erinnerte mich dabei an die Zeit, als ich den Freischwimmer in der Schule machen sollte. Da mussten wir ganz lange schwimmen, vom Dreimeterbrett springen und nach Ringen tauchen. Das lange Schwimmen machte mir nichts aus, denn es konnte in »beliebiger Zeit« stattfinden. Das Tauchen war schon schwieriger. Da man in gechlortem Wasser die Augen besser geschlossen hält, versuchte ich mir zu merken, wo die Ringe hingefallen waren. Die Aufgabe lautete also eigentlich: umhertasten, bis die Luft alle ist. Ringetauchen hat deshalb eher etwas mit Merkfähigkeit zu tun, und so konnte ich das auch ganz gut bewältigen. Gescheitert bin ich letztlich am Sprungturm. Ich weiß noch genau, wie meine Sportlehrerin mir zurief, dass ich endlich springen solle, als ich unentschlossen auf dem Dreimeterbrett stand. Das war so hoch! Das Schwimmbad lag unter mir wie ein kleines Handtüchlein und ich hatte Zweifel, ob ich es überhaupt treffen würde. Erst als es dunkel wurde, ließ ich mich vom Reinigungspersonal überreden zu springen. Aber da waren alle anderen schon gegangen und so habe ich den Freischwimmer verpasst. All das ging mir durch den Kopf, während ich mich am Beckenrand festklammerte. Ich habe außerdem eine schlimme Haiphobie. Sie werden sich jetzt fragen, wie man im Hallenbad eine Haiphobie haben kann. Man kann. Man kann ja auch Höhenangst haben, ohne auf dem Kölner Dom zu stehen. Phobien hat man einfach immer.

Jens wollte aber nicht aufgeben und hatte es außerdem genauso eilig wie die anderen, die bereits verbissen und rücksichtslos ihre Bahnen zogen. Die sahen aus, als ob sie schwimmend in der Normandie einfallen wollten. Der Wellengang wurde noch stärker und mir wurde langsam kalt. »Stephan! Mach endlich los und trau dich. Du kannst doch schwimmen!«, rief Jens.

Natürlich kann ich schwimmen. Nicht unbedingt kraulen, das ist was anderes, aber brustschwimmen, was ähnlich schön aussieht wie synchronschwimmen. Wobei ich das auch noch in purer Form betreibe, die anderen nehmen ja immer ihre Arme zu Hilfe. Jens fing an, meine Finger vom Beckenrand zu lösen. »Jetzt komm endlich, es kann dir nichts passieren, es sind jede Menge Bademeister hier – die retten dich schon, wenn du untergehst.«

In der Tat lief ein halbes Dutzend Menschen in weißen Klamotten um das Schwimmbecken herum. Ich frage mich immer, warum Bademeister weiße Klamotten tragen müssen. Gut, bei hübschen Bademeisterinnen finde ich die Vorstellung toll, wie sie wohl aussehen, wenn sie jemanden gerettet haben, so im Oberteilbereich. Aber bei den Männern möchte ich nicht unbedingt über die primären Geschlechtsmerkmale informiert werden.

Auch die Badegäste neigen heutzutage zu ungewöhnlichen

Bekleidungen. Was da vor allem von Männern als Badehose ausgegeben wird – es hat mich, ehrlich gesagt, gewundert, dass keiner in Jeanshosen ins Becken gesprungen ist. Bei den Frauen ist es kaum besser. Die Modedesigner haben offenkundig einen Hass auf ältere, dickliche Frauen. Wahrscheinlich haben sie Probleme mit ihren Müttern, die sie in floralen Albträumen auf korsettgestützten menschlichen Großleinwänden ausleben. Manche Badeanzüge sahen aus wie umgenähte Steppdecken.

Während ich darüber nachdachte, ob ich eine neue Karriere als Modedesigner für Frauenbademoden ansteuern sollte, löste Jens meinen letzten Finger vom Beckenrand. »Und los geht's, Stephan!«, rief er fröhlich und gab mir einen Schubs. Ich schwamm los wie ein panischer Hund, der nach dem Stöckchen sucht. Um mich herum tobte es im Wasser. Das Gemeine in Schwimmbädern ist, dass die anderen Schwimmer einen treten und malträtieren können, wie sie wollen. Man hat nachher zwar kaum blaue Flecken, weil das Wasser den Schwung etwas abfedert – aber weh tut es wie bei einer echten Prügelei.

Eine rote Kugel zeigte die Mitte dieser endlosen Fünfzigmeterbahn an. Die hatte ich nach wenigen Minuten erreicht und war komplett außer Atem. Da hörte ich Jens' Stimme vom Rand – »Hi Stephan!« – und meine Haiphobie schlug erbarmungslos zu. Ich erstarrte, meine Beine wurden zu Blei, das Wasser schlug über meinem Kopf zusammen und ich sank kommentarlos in Richtung Beckenboden. Mein Leben war zu Ende – alles war aus und nur, weil ich am Ende doch dem Sport- und Fitnesswahn erlegen war.

Da packten mich kleine, aber kräftige Hände unter den Achselhöhlen und ich wurde energisch zur Wasseroberfläche gezogen. Ich fühlte mich wie der Prinz im Märchen von der kleinen Meerjungfrau.

Die Hände hielten mein Kinn über Wasser. Ich konnte nichts sehen – meine Augen brannten vom Chlorwasser. Am Beckenrand nahmen mich mehrere starke Hände in Empfang und zerrten mich aus dem Wasser. Dann lag ich auch schon auf den kalten Fliesen des Schwimmbads und hörte, wie ein Bademeister meinem Freund Jens Vorwürfe machte.

»Sie können doch keinen Anfänger zu dieser Zeit ins Schwimmbad lassen! Ich habe doch gleich gesehen, dass mit dem was nicht stimmt.« »Anfänger?« Das wollte ich nun doch nicht auf mir sitzen lassen. Ich wollte die Augen öffnen, als ich eine Berührung auf meinen Lippen spürte. Das war sehr angenehm. Weiche Lippen küssten mich – das war der erste Kuss seit der Trennung von meiner Frau.

Meine Lippen wurden geöffnet – sanft wurde mir Luft eingeblasen. Ich öffnete die Augen und sah in ein paar liebe braune Augen. Wie schön.

Ich wollte mehr von ihr sehen und schob sie leicht von mir weg, um sie besser betrachten zu können. Da weiteten sich ihre Augen entsetzt und sie schoss in die Höhe. Jetzt erkannte auch ich sie. Meine Sportlehrerin von früher! Sie war es eindeutig. Alles war noch wie früher: die schlimme Dauerwelle, und als sie den Mund öffnete, um zu schreien, konnte ich auch die Narbe auf ihrer Unterlippe sehen, die von unserem Flugrollenunfall stammte. Sie schrie und schrie. Und ich schrie auch!

Meine Sportlehrerin hatte mich geküsst!!!! Nie wieder würde ich eine Frau küssen können – nie wieder.

In diesem Moment habe ich begriffen, dass wir alle in unserem Leben einmal an einen Punkt kommen, an dem wir uns entscheiden müssen: Sport oder Leben!

Epilog

Jens und Vera reisen in ihrem Urlaub dem Marathon-Zirkus hinterher. Kürzlich waren sie in Rom. Jens findet es klasse, wenn er alle paar Monate vor einer anderen historischen Kulisse kollabiert.

Ich habe inzwischen wieder abgenommen, weil ich aufgehört habe, Veras Diätplan zu befolgen. Ich hatte so viele Pülverchen geschluckt, dass ich mir den Hintern auf der Toilette nur noch abstauben musste. Manchmal, wenn ich an Fitnessstudios vorbeischlendere, werfe ich einen kurzen mitleidigen Blick auf die schwitzenden, dampfenden Leiber. Warum gehen die Leute nicht als Spargelstecher nach Brandenburg oder als Reispflanzer nach Saigon? Dann könnten sie wenigstens etwas Sinnvolles mit ihrem Schweiß tun.

Wenn ich an Billigdiscountern vorbeigehe, sehe ich die Menschen, die meterhoch beladene Einkaufswagen zu ihren teuren Autos schieben. Da kommt die Billigwurst in Massen in den Kofferraum des teuren Mercedes. In solchen Momenten muss ich an meine Mutter denken, die gesagt hat: Außen hui – innen pfui.

Meinen Eltern geht es gut. Sie werden vielleicht annehmen, dass die beiden böse auf mich sind, weil ich dieses Buch geschrieben habe. Nein, es hat im Gegenteil einen sehr guten Effekt gehabt. Meine Mutter kocht kein Hühnerfrikassee mehr, und die Schmelzkäseecken wandern nur noch heimlich in mein Gepäck – was leider zur Folge hat, dass ich dann zu Hause unangenehme Entdeckungen mache, nach dem Waschen zum Beispiel. Schmelzkäse widersteht jedem Waschpulver und wird einfach nur klebrig und schrecklich. Versuchen Sie es selbst. Stecken Sie eine Schmelzkäseecke in die Tasche Ihrer Jeans und waschen Sie sie bei vierzig Grad. Das Ergebnis ist atemberaubend, vor allem bei der Schmelzkäsesorte »Pikator«. Da kleben die Paprikastückchen – falls es wirklich Paprikastückchen sind – so richtig fies in jeder Stoffpore.

Meine ehemaligen Einser-Sportkameraden aus der Schulzeit haben alle dieses Buch gelesen. Jetzt rennen sie wie die Irren ins Fitnessstudio und lassen sich Toupets machen – sie haben also die Message nicht verstanden, was nicht anders zu erwarten war.

Papst Benedikt XVI. hat kürzlich seinen Geburtstag gefeiert – im Zustand der heiteren Gelassenheit. Ich habe mich am Sonntag nach dem Hochamt gefragt, bei wem er wohl beichtet? Na ja, großartige Sünden kann er als Papst wohl nicht begehen. Aber wenn er keine Sünden begeht, kann er auch nicht beichten, und dann fehlt ihm ein zentrales Sakrament. Ja Himmelherrgottsakrament – das ist eine echte Falle, oder? Ich werde dem Vatikan schreiben und auf diese Gefahr hinweisen.

Meiner Sportlehrerin geht es den Umständen entsprechend gut. Sie lebt in einer geschlossenen Einrichtung, in der sie den Sport für die Insassen organisiert. Ich würde sie gerne besuchen, darf mich ihr aber auf richterliche Anordnung hin nur bis auf fünfhundert Meter nähern, weil sie bei meinem Anblick sofort Anfälle bekommt.

Ich selbst meide jegliche Form der sportlichen Betätigung,

weil ich sie mit großer Wahrscheinlichkeit treffen würde, wenn sie Freigang hat. Dass wir zu diesen Begegnungen neigen, wissen Sie ja inzwischen.

So, liebe Leser, auf mich warten jetzt ein schönes Stück französischer Rohmilchkäse und ein Glas Riesling Spätlese aus dem Rheingau. Dazu werde ich meinen Gedanken freien Lauf lassen, denn der Denksport ist der einzige Sport, den ich heutzutage noch betreibe.

Ich denke wieder über Frauen nach. Das durch meine Sportlehrerin ausgelöste Kusstrauma konnte ich mit Hilfe einer einjährigen Psychotherapie überwinden.

Wenn ich auf dem Balkon sitze und im Sommer die jungen Frauen in leichter Kleidung vorbeischreiten sehe, denke ich schon mal: Schade, dass ich kein Arzt bin, sonst könnte ich jetzt rufen: Die Nächste bitte!